涉外文书写作

崔慧灵◎编著

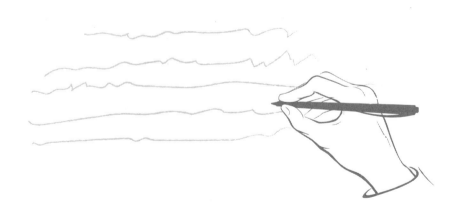

电子工业出版社.
Publishing House of Electronics Industry
北京·BEIJING

内 容 简 介

如今，越来越多的人到国外旅游、学习，越来越多的企业到国外发展，因此，我们与国外的交流越来越频繁、密切，在这种频繁、密切的对外交往中，涉外文书的作用显得越来越重要。本书从实际应用的角度出发，分别介绍了11类涉外文书的含义与特点、格式与写法，以及范文模板。本书方法实用，语言平实，可操作性强，可以帮助读者快速提升涉外文书写作能力。本书是一本能够帮助读者在短时间内掌握涉外文书写作技巧、提升涉外文书写作能力的实操手册。

图书在版编目（CIP）数据

涉外文书写作 / 崔慧灵编著. —北京：电子工业出版社，2020.10
ISBN 978-7-121-39412-6

Ⅰ.①涉… Ⅱ.①崔… Ⅲ.①应用文—写作 Ⅳ.①H152.3

中国版本图书馆CIP数据核字（2020）第153663号

责任编辑：王小聪
印　　刷：三河市鑫金马印装有限公司
装　　订：三河市鑫金马印装有限公司
出版发行：电子工业出版社
　　　　　北京市海淀区万寿路173信箱　邮编　100036
开　　本：720×1000　1/16　印张：14.25　字数：256千字
版　　次：2020 年 10 月第 1 版
印　　次：2020 年 10 月第 1 次印刷
定　　价：49.80元

凡所购买电子工业出版社图书有缺损问题，请向购买书店调换。若书店售缺，请与本社发行部联系，联系及邮购电话：（010）88254888，88258888。

质量投诉请发邮件至zlts@phei.com.cn，盗版侵权举报请发邮件至dbqq@phei.com.cn。

本书咨询联系方式：（010）57565890，meidipub@phei.com.cn。

前　言

随着世界各国之间经济、政治、文化等交流日益频繁，涉外工作不再是外事部门的"专利"，它已经涉及了很多领域、部门和单位等。如今，越来越多的人到国外旅游、学习、探亲，越来越多的企业到国外发展，越来越多的科研机构及大学到国外寻找合作伙伴。在这种频繁、密切的对外交往中，涉外文书的作用显得越来越重要。

可以说，涉外文书在世界各国之间起着联络关系的纽带和桥梁作用，把国家之间、国家与国际组织之间和国际法人之间紧密地联系起来，使整个世界成为一个不可分割的有机体。它是进行对外交往和贸易的一种手段，也是对往来双方行为、利益的一种规范。

本书所涉及的涉外文书都是较为常见的，如海关管理类文书、涉外报告类文书、涉外贸易类文书、涉外企业类文书、涉外劳务类文书、涉外工程承包类文书、涉外旅游类文书、对外交往类文书、涉外契约类文书、涉外礼仪类文书、外事工作类文书等。每类文书下面又分为若干文种，每个文种都有既定的格式与写作技巧。也就是说，涉外文书属于专用公文中的一类，具有很强的专业性。因此，它有着非常严格的写作要求与行文规范。

涉外文书的语言表达必须准确规范，在外事谈判、外交礼仪、商务合作等活动中更是如此，因为其涉及范围大，影响面广，有时还会关系到国家、民族的重大利益，稍有不慎便会造成无法挽回的损失。所以，涉外文书对语言表达准确性的要求极高。

另外，在长期的外事实践中，各类文书会逐渐形成某种约定俗成的写作格式。例如，各个国家的国际劳务合同、国际招标通告等，在体例与格式上大同小异。

我们知道，涉外工作的任何一个环节都离不开涉外文书写作。那么，如何快速提升涉外文书写作能力呢？除了要多写多练，还要多学。要想学得好、学得快，选一本好的工具书非常重要。

这是一本旨在帮助读者在短时间内掌握涉外文书写作技巧、提升涉外文书写作能力的实操手册。全书剖析了70多种涉外文书的写作技巧，方法实用，语言平实，可操作性强，可以帮助读者快速提升涉外文书写作水平。

编者

| 目　录 |

第3章 涉外报告类文书

第4章 涉外贸易类文书

第5章　涉外企业类文书

第6章 涉外劳务类文书

第7章　涉外工程承包类文书

第9章　对外交往类文书

第10章　涉外契约类文书

第11章　涉外礼仪类文书

第12章　外事工作类文书

第1章
涉外文书写作概述

在涉外活动中，涉外经济贸易、外交和外事是最主要的三个方面。涉外经济贸易主要是指国与国之间的经济、贸易往来情况；外交通常是指一个国家在国际关系方面的交往活动；而外事则是涉外经济贸易、外交工作中的中介，主要处理涉外经济贸易、外交往来中的事务。涉外经济贸易工作是外交工作的基础，如果两国之间不发生经济往来，其外交关系就缺乏牢固的基石。随着涉外经济贸易、外交工作的开展，外事工作也越来越活跃。

1.1　涉外文书概述

涉外文书是指为满足外事、外交、外贸等涉外工作需要，在涉外活动、涉外工作中制作和使用，有特定内容和使用范围，有相对固定格式和写作要求的涉外应用文体的总称。

涉外文书是处理涉外事务的重要工具，这一点与一般的文书类似。不同的是，涉外文书所涉及的对象是涉外事务，其对内容、使用范围、写作格式、习惯用语及称谓均有着更为严格的规定或讲究，写作者必须按照国际交往的习惯行文，严禁随意更改。

1.1.1　涉外文书的种类

涉外文书主要包括外贸类文书、外交类文书和外事类文书三大类。

1. 外贸类文书

外贸类文书是涉外经济活动中所使用文体的总称。随着对外经济迅猛飞速的发展，为了更好地开拓国际市场，促进对外贸易多元化，以适应发展外向型经济的需要，外贸类文书显得更为重要。国与国之间发生经济往来，包括合资办企业、对外投资、交流信息、签订意向书等，都必须使用外贸类文书。所以，外贸类文书是涉外经济往来的一种重要文字手段和工具。

外贸类文书主要包括海关管理类文书、涉外报告类文书、涉外贸易类文书、涉外企业类文书、涉外劳务类文书、涉外工程承包类文书以及涉外旅游类文书等。

外贸类文书有以下几个特点：

一、政策性。一个国家的涉外经济活动，有其对外经济工作的方针政策；国际之间的经济往来，也有一些国际之间共同性的政策，这些政策必然要在外贸类文书中体现出来。那种只做买卖、拉贸易，忽视经济政策的行为是外贸类文书写作的大忌。

二、目的性。由于外贸类文书大多直接为某项业务、活动或针对某个具体问题而发，故在起草时要有明确的目的性。也就是说，起草外贸类文书要从实际出发，注重实效，有的放矢。

三、效益性。这是外贸类文书的一个重要特点。国与国之间开展经济活动、进行贸易往来，除了体现一定的经济政策，还要追求经济效益。任何人都不愿意做赔钱的买卖，在国际贸易中也是如此。外贸类文书既然是涉外经济活动的工具，那么在撰写时也要考虑经济效益。

四、数据的广用性。这是外贸类文书的又一大特点，也是它与外交类、外事类文书写作的一大区别。由于外贸类文书所涉及的是对外经济工作、贸易情况等，这些情况不可避免地要通过数字、数据反映出来。比如，要说明某种商品在国际市场的销售形势好不好，什么表达形式是最有力、最适宜的呢？当然是数据。这些数据摆出来，比任何文字说明都有说服力，读者读起来也更清晰明了。

五、及时性。这也是外贸类文书的一个重要特点。"商场如战场"，要想在竞争激烈的国际市场环境中取得胜利，就必须了解这一特点，否则就会造成重大的经济损失。因此，在撰写外贸类文书时做到迅速及时是非常重要的。

六、准确性。这一特点要求撰写者在写作时不能任意发挥，而要以叙述和说明为主，而且要确保文中所涉及的时间、地点、事实、数字都准确无误，不会出现任何有歧义、模棱两可或含糊不清的情况。

2．外交类文书

外交类文书是解决国家之间关系，表明国家对国际事件的立场、观点和态度，用于处理国际事务的文体的总称。从事外交活动时时刻刻离不开外交类文书。外交类文书处理的不是国内的公务或日常事务，而是国际之间的公务，如建立邦交、使馆、友好合作关系；发表宣言、公告、声明、外交讲话；签订公约、条约、协定；互通函电，表明态度、交流情况等。从这一点上看，每一个外交类文书的写作者，都要自觉把握好外交类文书的国际性，从而使它更好地为国际交往服务。

因此，学会并熟练掌握外交类文书的写作技巧，是每一个从事外交工作的人员必须具备的基本素质。外交类文书包括诸多文种，如宣言、公告、声明、公报、照会等；公约、条约、协定、谅解备忘录、换文等；信函、电报等。

3．外事类文书

在涉外活动中，除涉外经济贸易、外交工作外，还有外事工作。所谓外事工作，是指涉外部门和涉外工作者所处理的与外交工作有密切关系的日常事务性工作。外事类文书，即为处理外事工作的应用文体的总称，是做好外事工作的工具和保证。经常使用的外事类文书大体上包括出访请示、涉外接待计划、外事通讯、外事报告、外事函件、外事总结、外事动态、外事工作会议纪要等。

1.1.2　涉外文书的作用

涉外文书的作用主要有以下四点：

一是知照作用。知照作用是各类涉外文书均具备的作用，也是涉外文书最基础的作用。涉外文书制作和使用的目的就是告知交际对象或公众有关事宜，声明、公告、涉外电文、涉外信函等均有此作用。

二是声明作用。声明作用是指代表己方宣明对某一问题的立场、观点、态度和主张等，如国际间的声明、公报、宣言、公告等；此外，在外交活动中的各种演讲稿、发言稿、讲话稿也具有这一作用。

三是规约作用。规约作用是指涉外文书对参与各方有规范和约束其行为的作用，如涉外文书中的声明、公约、条约、协定、议定书等，对参与各方均有平等的约束力。违约一方不仅要承担相应的政治责任、经济责任及法律责任，还要受到道义上的谴责。

四是凭证作用。凭证作用也是各类涉外文书均具备的作用。无论是双向涉外文书，还是多向涉外文书，抑或是没有明确受文者的涉外文书，一经制作和发出，均具有存查凭证的作用。若有需要，可以凭借这些涉外文书与相关方进行涉外交往。

总之，涉外文书是处理涉外事务的重要工具，具有联络他国人民、有关组织机构、企事业单位，增进彼此友好合作关系，处理各项涉外事务的作用，所以一定要制作和使用好涉外文书，使其发挥应有的作用和功效。

1.2　涉外文书的写作要领

由于涉外文书的特殊性，它有着自己的写作特点和规律，其写作要求更为严格，从某种意义上讲，它比国内党政机关公文写作的政治性和政策性还要强。因为，涉外人员在外交活动中，是中华人民共和国的代表；在涉外经济活动中，是祖国利益的维护者；在对外文化交流中，是中华民族传统文化的宣传者；在对外接待服务活动中，是中国精神风貌的体现者。所以，涉外文书写作不允许有半点疏漏之处，否则就会产生不良的国际影响，乃至有损中华人民共和国的形象和声誉。

1.2.1　涉外文书写作的原则

涉外文书写作要遵循以下几个原则：

一、政治原则。涉外文书是为涉外活动服务的，涉及国家形象和国际关系。党和国家制定了一系列有关涉外工作的路线、方针和政策。在撰写涉外文书时，一定要保持"政治思想过硬"，即要坚持四项基本原则，贯彻执行党和国家的外交路线、方针和政策，无论国际风云如何变幻，其出发点和归宿都必须以是否有利于祖国和人民的根本利益为准则。

二、内外有别的原则。涉外文书，特别是外交类文书和外事类文书，需要遵守内外有别的原则。因为它所反映的是涉外工作，所以，在对外交流和友好往来，以及其他一切涉外活动中，必须坚持内外有别的原则，凡国内未公开发表的机密事项，未经中央批准，任何人在与外国的交往中，不得泄露。对于接待外宾参观的单位和游览地区，接待单位应明确划分参观范围，标明禁区，规定路线和参观的项目，采取必要的保密措施，不能擅自扩大范围。外事类文书写作中的接待方针、所采取的保卫措施，以及对不同国家来访者的不同态度等，也属于保密范畴，不得随意乱讲。这是外交类和外事类文书写作者需要特别注意的。

三、真实具体的原则。涉外文书写作与文学写作不同。文学写作可以虚构、想象、典型化，所遵循的是艺术的真实性原则，而涉外文书写作所写的一切内容必须是真实、具体的，不能虚构、夸张，所遵循的是生活的真实性原则。所以，在撰写涉外文书时，一定要使用真实的材料，不能弄虚作假。任何违背真实具体这一原则的情况，都是不允许的。

1.2.2 涉外文书的写作要求

在撰写涉外文书时，要遵守以下几个写作要求：

一、格式方面的要求。虽然涉外文书写作没有统一的格式，但是每种文体大体上还是有一定的行文规范的。这些行文规范是涉外部门和涉外工作者长期实践的结晶，已经被人们接受。因此，按照这些行文规范去写，可以使交流和沟通更加顺畅。需要注意的是，在撰写外交类文书时，要尽量符合国际惯例。

二、语言方面的要求。涉外文书要尽量使用世界通用语言，语言的标准化是涉外文书赖以传播和为世界各国所接受的前提条件。

具体体现在以下几个方面：

（1）外交辞令。外交辞令有约定俗成的内涵，具有相对固定性，在涉及或使用外交辞令时，要根据不同文种及特定内容、对象准确表达，不可随意更改。例如，"密切注意"和"严重关切"是常用的外交辞令，通常表示对事态很关注；"表示遗憾"和"极为愤慨"则蕴含着抱怨、谴责之意，且后者语气明显比前者重。

（2）称谓。涉外文书中的称谓也是很有讲究的，既要考虑到双方的身份，又要兼顾国际惯例及对方的具体情况。

通常情况下，对方若有官衔、爵位、学位，可根据具体情况以官衔、爵位、学位称呼对方。若对方的官衔在部长级别（包含部长级别）以上，可尊称对方为"阁下"，但若对方是美国人、墨西哥人或德国人，通常不称对方为"阁下"，而称"先生"；若对方的官衔在副部长级别以下，可称对方为"先生"；对国王、皇帝等，可尊称其为"陛下"；对王子、公主、亲王等，可称为"殿下"；对女性，可称为"女士""小姐""夫人"等。

（3）人称。涉外文书中的人称受文书格式限制，如对外便函用第一人称；正式函件若以个人名义发文则用第一人称；普通函件若以单位名义发文则用第三人称，称呼对方时也用第三人称，通常不称对方为"贵方"或"贵馆"，而是重提受文者的名称。

此外，发文者与受文者也要相对应。若发文者是个人，则受文者也应是个人；若发文者是单位，则受文者也应是单位。切记，发文者和受文者的身份要对等。

（4）国名、地名、团体名。涉外文书中的国名、地名、团体名原则上要使用全称。在同一涉外文书中，国名、地名、团体名第一次出现时要用全称，后面再次出现时可根据情况使用惯用的简称。在中文版涉外文书中，他国国名、地名、政党名、国际组织名和群众团体名要使用规范的中文译名，需要附加外文的可放在小括号里加在中文译名后。无论是国名，还是地名、政党名、国际组织名和群众团体名，均要使用汉语拼音拼写法。

（5）数字。涉外文书中的数字，在可以使用阿拉伯数字的情况下，应使用阿拉伯数字。4位及4位以上的数字，要遵守国际上通行的三位分节法书写；5位以上的数字，若尾数有很多零，则应以万、亿为单位记数。层次序数、固定词组、习惯用语、缩略语以及其他约定俗成的数字要使用汉字。数字表示法的使用要尽量保持前后一致，前面用了哪种表示法，后面也要用同一种表示法。

（6）引文。涉外文书中的引文（引用的公文）要注明引文的发文机关、公文编号以及标题和发文日期。若引用国家领导人的讲话或者个人作品的内容，则不仅要注明领导人或作者的姓名，还要注明讲话的标题或作品的名称，以及讲话或作品发表的日期。

（7）时间。涉外文书中的时间一定要写清楚、准确。涉外文书通常要有发文日期和签批日期。

（8）祝愿和致敬语句。写这类语句时一定要兼顾双方的身份、关系以及国际惯例，还有文书的内容和使用场合，通常可以使用"顺致……""预致……"等格式，如"顺致问候""顺致最崇高的敬意""顺致最良好的祝愿""预致谢意"等。

此外，在撰写涉外文书时，尽量不用为本国人民所独知、独晓，而不为世界人民所共知、共晓的语言。最好避开那些政治性很强的语言，尤其不能把国内一些习惯性的简称、政治口号用于涉外文书写作。

三、叙述方面的要求。涉外文书在叙述方面要求语句通顺、结构严谨、层次清晰、逻辑周延，能够准确表情达意，切不可出现词不达意、表意不清、前后矛盾等现象。 另外，为了加强表达效果、提高对方的重视程度，涉外文书中常使用一些结构稳定的表达方式，通常是一些介词和介词结构。常用的介词有：表示原因和目的的，如"为""为了""由于"等；表示对象和范围的，如"对""对于""有关""关于"等；表示时间和处所的，如"在此""值此""自从"等；表示方向的，如"沿着""朝着"等；表示根据的，如"根据""依照""遵照"等。常用的介词结构有："值此……之际""谨以……名义"等。

涉外文书要一事一文，不要一文数事，否则容易给对方造成理解和答复上的困难，引起不必要的误会。

再次强调，涉外文书事关国家形象和国际关系，在撰写时一定要注意言辞，注重形象，不乱说话，逻辑要周延，表达要清晰、准确；同时，要兼顾双方的身份、地位，以及国际惯例和具体情况，把每一句话说到位、说准确。

海关管理类文书是指海关在实施行政管理过程中所形成的具有法定效力和规范体式的文书，是海关依法行政和进行公务活动的重要工具。在海关系统中，常见的管理类文书主要与货物的进口和出口相关。

2.1　进（出）口货物报关单

2.1.1　含义与特点

进（出）口货物报关单是一种常见的海关文书。它是指进（出）口货物收发货人或其代理人，按照海关规定的格式对进（出）口货物的实际情况作出书面声明，以便要求海关对其货物按照相应的海关制度办理通关手续的法律文书。

进（出）口货物报关单在对外经济贸易活动中具有非常重要的法律地位。它既是海关监管、征税、统计以及稽查和调查的重要依据，又是加工贸易进（出）口货物核销，以及出口退税和进行外汇管理的重要凭证，也是海关处理走私、违规案件，以及税务、外汇管理部门查处骗税和套汇等犯罪活动的重要证据。

2.1.2　格式与写法

进（出）口货物报关单是一个现成的表格，企业需要根据实际情况如实填写。因此，在填写进（出）口货物报关单时，一定要严格遵循相应的填写要求，不可以虚报、瞒报、拒报和迟报，更不得伪造、篡改。

下面，具体介绍一下如何填写进（出）口货物报关单：

1. 预录入编号

预录入编号指预录入报关单的编号，一份报关单对应一个预录入编号，由系统自动生成。

报关单预录入编号为18位，其中第1～4位为接受申报海关的代码（海关规定的《关区代码表》中相应海关代码），第5～8位为录入时的公历年份，第9位为进出口标志（"1"为进口，"0"为出口；集中申报清单"I"为进口，"E"为出口），后9位为顺序编号。

2. 海关编号

海关编号指海关接受申报时给予报关单的编号，一份报关单对应一个海关编号，由系统自动生成。

报关单海关编号为18位，其中第1～4位为接受申报海关的代码（海关规定的《关区代码表》中相应海关代码），第5～8位为海关接受申报的公历年份，第9位为进出口标志（"1"为进口，"0"为出口；集中申报清单"I"为进口，"E"为出口），后9位为顺序编号。

3. 境内收发货人

填报在海关备案的对外签订并执行进出口贸易合同的中国境内法人、其他组织名称及编码。编码填报18位法人和其他组织统一社会信用代码，没有统一社会信用代码的，填报其在海关的备案编码。

4. 进出境关别

根据货物实际进出境的口岸海关，填报海关规定的《关区代码表》中相应口岸海关的名称及代码。

5. 进出口日期

进口日期填报运载进口货物的运输工具申报进境的日期。出口日期指运载出口货物的运输工具办结出境手续的日期，在申报时免予填报。无实际进出境的货物，填报海关接受申报的日期。进出口日期为8位数字，顺序为年（4位）、月（2位）、日（2位）。

6. 申报日期

申报日期指海关接受进出口货物收发货人、受委托的报关企业申报数据的日期。以电子数据报关单方式申报的，申报日期为海关计算机系统接受申报数据时记录的日期。以纸质报关单方式申报的，申报日期为海关接受纸质报关单并对报关单进行登记处理的日期。本栏目在申报时免予填报。申报日期为8位数字，顺序为年（4位）、月（2位）、日（2位）。

7. 备案号

填报进出口货物收发货人、消费使用单位、生产销售单位在海关办理加工贸易合同备案或征、减、免税审核确认等手续时，海关核发的《加工贸易手册》、海关特殊监管区域和保税监管场所保税账册、《征免税证明》或其他备案审批文件的编号。一份报关单只允许填报一个备案号。

8. 境外收发货人

境外收货人通常指签订并执行出口贸易合同中的买方或合同指定的收货人，境外发货人通常指签订并执行进口贸易合同中的卖方。

特殊情况下无境外收发货人的，名称及编码填报"NO"。

9. 运输方式

运输方式包括实际运输方式和海关规定的特殊运输方式，前者指货物实际进出境的运输方式，按进出境所使用的运输工具分类；后者指货物无实际进出境的运输方式，按货物在境内的流向分类。

根据货物实际进出境的运输方式或货物在境内流向的类别，按照海关规定的《运输方式代码表》选择填报相应的运输方式。

10. 运输工具名称及航次号

填报载运货物进出境的运输工具名称或编号及航次号。填报内容应与运输部门向海关申报的舱单（载货清单）所列相应内容一致。

11. 提运单号

填报进出口货物提单或运单的编号。一份报关单只允许填报一个提单或运单号，一票货物对应多个提单或运单时，应分单填报。

12. 货物存放地点

填报货物进境后存放的场所或地点，包括海关监管作业场所、分拨仓库、定点加工厂、隔离检疫场、企业自有仓库等。

13. 消费使用单位/生产销售单位

消费使用单位填报已知的进口货物在境内的最终消费、使用单位的名称。

生产销售单位填报出口货物在境内的生产或销售单位的名称。

14．监管方式

监管方式是以国际贸易中进出口货物的交易方式为基础，结合海关对进出口货物的征税、统计及监管条件综合设定的海关对进出口货物的管理方式。其代码由4位数字构成，前两位是按照海关监管要求和计算机管理需要划分的分类代码，后两位是参照国际标准编制的贸易方式代码。

根据实际对外贸易情况，按海关规定的《监管方式代码表》选择填报相应的监管方式简称及代码。一份报关单只允许填报一种监管方式。

15．征免性质

根据实际情况，按海关规定的《征免性质代码表》选择填报相应的征免性质简称及代码，持有海关核发的《征免税证明》的，按照《征免税证明》中批注的征免性质填报。一份报关单只允许填报一种征免性质。

加工贸易货物报关单按照海关核发的《加工贸易手册》中批注的征免性质简称及代码填报。

16．许可证号

填报进（出）口许可证、两用物项和技术进（出）口许可证、两用物项和技术出口许可证（定向）、纺织品临时出口许可证、出口许可证（加工贸易）、出口许可证（边境小额贸易）的编号。

免税品经营单位经营出口退税国产商品的，免予填报。一份报关单只允许填报一个许可证号。

17．启运港

填报进口货物在运抵我国关境前的第一个境外装运港。

根据实际情况，按海关规定的《港口代码表》填报相应的港口名称及代码，未在《港口代码表》列明的，填报相应的国家名称及代码。货物从海关特殊监管区域或保税监管场所运至境内区外的，填报《港口代码表》中相应海关特殊监管区域或保税监管场所的名称及代码，未在《港口代码表》中列明的，填报"未列出的特殊监管区"及代码。

其他无实际进境的货物，填报"中国境内"及代码。

18．合同协议号

填报进出口货物合同（包括协议或订单）编号。未发生商业性交易的免予填报。

免税品经营单位经营出口退税国产商品的，免予填报。

19. 贸易国（地区）

发生商业性交易的进口填报购自国（地区），出口填报售予国（地区）。未发生商业性交易的填报货物所有权拥有者所属的国家（地区）。

按海关规定的《国别（地区）代码表》选择填报相应的贸易国（地区）中文名称及代码。

20. 启运国（地区）/运抵国（地区）

启运国（地区）填报进口货物开始发出直接运抵我国或者在运输中转国（地）未发生任何商业性交易的情况下运抵我国的国家（地区）。

运抵国（地区）填报出口货物离开我国关境直接运抵或者在运输中转国（地区）未发生任何商业性交易的情况下最后运抵的国家（地区）。

不经过第三国（地区）转运的直接运输进出口货物，以进口货物的装货港所在国（地区）为启运国（地区），以出口货物的指运港所在国（地区）为运抵国（地区）。

经过第三国（地区）转运的进出口货物，如在中转国（地区）发生商业性交易，则以中转国（地区）作为启运/运抵国（地区）。

按海关规定的《国别（地区）代码表》选择填报相应的启运国（地区）或运抵国（地区）中文名称及代码。

无实际进出境的货物，填报"中国"及代码。

21. 经停港/指运港

经停港填报进口货物在运抵我国关境前的最后一个境外装运港。

指运港填报出口货物运往境外的最终目的港；最终目的港不可预知的，按尽可能预知的目的港填报。

根据实际情况，按海关规定的《港口代码表》选择填报相应的港口名称及代码。经停港/指运港在《港口代码表》中无港口名称及代码的，可选择填报相应的国家名称及代码。

无实际进出境的货物，填报"中国境内"及代码。

22. 入境口岸/离境口岸

入境口岸填报进境货物从跨境运输工具卸离的第一个境内口岸的中文名称及代码；采取多式联运跨境运输的，填报多式联运货物最终卸离的境内口岸中文名称及代码；过境货物填报货物进入境内的第一个口岸的中文名称及代码；从海关特殊监管区域或保税监管场所进境的，填报海关特殊监管区域或保税监管场所的中文名称及代码。其他无实际进境的货物，填报货物所在地的城市名称及代码。

离境口岸填报装运出境货物的跨境运输工具离境的第一个境内口岸的中文名称及代码；采取多式联运跨境运输的，填报多式联运货物最初离境的境内口岸中文名称及代码；过境货物填报货物离境的第一个境内口岸的中文名称及代码；从海关特殊监管区域或保税监管场所离境的，填报海关特殊监管区域或保税监管场所的中文名称及代码。其他无实际出境的货物，填报货物所在地的城市名称及代码。

入境口岸/离境口岸类型包括港口、码头、机场、机场货运通道、边境口岸、火车站、车辆装卸点、车检场、陆路港、坐落在口岸的海关特殊监管区域等。按海关规定的《国内口岸代码表》选择填报相应的境内口岸名称及代码。

23. 包装种类

填报进出口货物的所有包装材料，包括运输包装和其他包装，按海关规定的《包装种类代码表》选择填报相应的包装种类名称及代码。运输包装指提运单所列货物件数单位对应的包装，其他包装包括货物的各类包装，以及植物性铺垫材料等。

24. 件数

填报进出口货物运输包装的件数（按运输包装计）。不得填报为零，裸装货物填报为"1"。

25. 毛重（千克）

填报进出口货物及其包装材料的重量之和，计量单位为千克，不足一千克的填报为"1"。

26. 净重（千克）

填报进出口货物的毛重减去外包装材料后的重量，即货物本身的实际重量，计量单位为千克，不足一千克的填报为"1"。

27. 成交方式

根据进出口货物实际成交价格条款，按海关规定的《成交方式代码表》选择填报相应的成交方式代码。

无实际进出境的货物，进口填报CIF，出口填报FOB。

28. 运费

填报进口货物运抵我国境内输入地点起卸前的运输费用，出口货物运至我国境内输出地点装载后的运输费用。

运费可按运费单价、总价或运费率三种方式之一填报，注明运费标记（运费标记"1"表示运费率，"2"表示每吨货物的运费单价，"3"表示运费总价），并按海关规定的《货币代码表》选择填报相应的币种代码。

免税品经营单位经营出口退税国产商品的，免予填报。

29. 保费

填报进口货物运抵我国境内输入地点起卸前的保险费用，出口货物运至我国境内输出地点装载后的保险费用。

保费可按保险费总价或保险费率两种方式之一填报，注明保险费标记（保险费标记"1"表示保险费率，"3"表示保险费总价），并按海关规定的《货币代码表》选择填报相应的币种代码。

免税品经营单位经营出口退税国产商品的，免予填报。

30. 杂费

填报成交价格以外的、按照《中华人民共和国进出口关税条例》相关规定应计入完税价格或应从完税价格中扣除的费用。可按杂费总价或杂费率两种方式之一填报，注明杂费标记（杂费标记"1"表示杂费率，"3"表示杂费总价），并按海关规定的《货币代码表》选择填报相应的币种代码。

应计入完税价格的杂费填报为正值或正率，应从完税价格中扣除的杂费填报为负值或负率。

免税品经营单位经营出口退税国产商品的，免予填报。

31. 随附单证及编号

根据海关规定的《监管证件代码表》和《随附单据代码表》选择填报除本规范第十六条规定的许可证件以外的其他进出口许可证件或监管证件、随附单据代码及编号。

本栏目分为随附单证代码和随附单证编号两栏，其中代码栏按海关规定的《监管证件代码表》和《随附单据代码表》选择填报相应证件代码；随附单证编号栏填报证件编号。

32. 标记唛码及备注

标记唛码是指运输的标志。一般来说，在标记唛码中会列出如下信息：

收货人的代号（标识）、合同号、目的地、原产国（地区）、中转信息、件
数号码等。填报货物运输包装上的标记唛码中除图形以外的所有文字、数字
（基本是原样照抄）。无标记唛码的免予填报。

33．项号

分两行填报。第一行填报报关单中的商品顺序编号；第二行填报备案序
号，专用于加工贸易及保税、减免税等已备案、审批的货物，填报该项货物
在《加工贸易手册》或《征免税证明》等备案、审批单证中的顺序编号。有
关优惠贸易协定项下报关单填制要求按照海关总署相关规定执行。

34．商品编号

填报由10位数字组成的商品编号。前8位为《中华人民共和国进出口税
则》和《中华人民共和国海关统计商品目录》确定的编码；9、10位为监管附
加编号。

35．商品名称及规格型号

分两行填报。第一行填报进出口货物规范的中文商品名称，第二行填报
规格型号。

36．数量及单位

分三行填报。第一行按进出口货物的法定第一计量单位填报数量及单
位，法定计量单位以《中华人民共和国海关统计商品目录》中的计量单位为
准。凡列明有法定第二计量单位的，在第二行按照法定第二计量单位填报数
量及单位。无法定第二计量单位的，第二行为空。成交计量单位及数量填报
在第三行。成套设备、减免税货物如需分批进口，货物实际进口时，按照
实际报验状态确定数量。具有完整品或制成品基本特征的不完整品、未制成
品，根据《商品名称及编码协调制度》归类规则按完整品归类的，按照构成
完整品的实际数量填报。已备案的加工贸易及保税货物，成交计量单位必须
与《加工贸易手册》中同项号下货物的计量单位一致，加工贸易边角料和副
产品内销、边角料复出口，填报其报验状态的计量单位。优惠贸易协定项下
进出口商品的成交计量单位必须与原产地证书上对应商品的计量单位一致。
法定计量单位为立方米的气体货物，折算成标准状况（即摄氏零度及1个标准
大气压）下的体积进行填报。

37．单价

填报同一项号下进出口货物实际成交的商品单位价格。无实际成交价格

的，填报单位货值。

38. 总价

填报同一项号下进出口货物实际成交的商品总价格。无实际成交价格的，填报货值。

39. 币制

按海关规定的《货币代码表》选择相应的货币名称及代码填报，如《货币代码表》中无实际成交币种，需将实际成交货币按申报日外汇折算率折算成《货币代码表》中列明的货币填报。

40. 原产国（地区）

原产国（地区）依据《中华人民共和国进出口货物原产地条例》《中华人民共和国海关关于执行〈非优惠原产地规则中实质性改变标准〉的规定》，以及海关总署关于各项优惠贸易协定原产地管理规章规定的原产地确定标准填报。同一批进出口货物的原产地不同的，分别填报原产国（地区）。进出口货物原产国（地区）无法确定的，填报"国别不详"。

按海关规定的《国别（地区）代码表》选择填报相应的国家（地区）名称及代码。

41. 最终目的国（地区）

最终目的国（地区）填报已知的进出口货物的最终实际消费、使用或进一步加工制造的国家（地区）。不经过第三国（地区）转运的直接运输货物，以运抵国（地区）为最终目的国（地区）；经过第三国（地区）转运的货物，以最后运往国（地区）为最终目的国（地区）。同一批进出口货物的最终目的国（地区）不同的，分别填报最终目的国（地区）。进出口货物不能确定最终目的国（地区）时，以尽可能预知的最后运往国（地区）为最终目的国（地区）。

按海关规定的《国别（地区）代码表》选择填报相应的国家（地区）名称及代码。

42. 境内目的地/境内货源地

境内目的地填报已知的进口货物在国内的消费、使用地或最终运抵地，其中最终运抵地为最终使用单位所在的地区。最终使用单位难以确定的，填报货物进口时预知的最终收货单位所在地。

境内货源地填报出口货物在国内的产地或原始发货地。出口货物产地难以确定的，填报最早发运该出口货物的单位所在地。

海关特殊监管区域、保税物流中心（B型）与境外之间的进出境货物，境内目的地／境内货源地填报本海关特殊监管区域、保税物流中心（B型）所对应的国内地区。

按海关规定的《国内地区代码表》选择填报相应的国内地区名称及代码。境内目的地还需根据《中华人民共和国行政区划代码表》选择填报其对应的县级行政区名称及代码。无下属区县级行政区的，可选择填报地市级行政区。

43. 征免

按照海关核发的《征免税证明》或有关政策规定，对报关单所列每项商品选择海关规定的《征减免税方式代码表》中相应的征减免税方式填报。

加工贸易货物报关单根据《加工贸易手册》中备案的征免规定填报；《加工贸易手册》中备案的征免规定为"保金"或"保函"的，填报"全免"。

44. 特殊关系确认

根据《中华人民共和国海关审定进出口货物完税价格办法》（以下简称《审价办法》）第十六条，填报确认进出口行为中买卖双方是否存在特殊关系，有下列情形之一的，应当认为买卖双方存在特殊关系，应填报"是"，反之则填报"否"：

（1）买卖双方为同一家族成员的。

（2）买卖双方互为商业上的高级职员或者董事的。

（3）一方直接或者间接地受另一方控制的。

（4）买卖双方都直接或者间接地受第三方控制的。

（5）买卖双方共同直接或者间接地控制第三方的。

（6）一方直接或者间接地拥有、控制或者持有对方5%以上（含5%）公开发行的有表决权的股票或者股份的。

（7）一方是另一方的雇员、高级职员或者董事的。

（8）买卖双方是同一合伙的成员的。

买卖双方在经营上相互有联系，一方是另一方的独家代理、独家经销或者独家受让人，如果符合前款的规定，也应当视为存在特殊关系。

出口货物免予填报，加工贸易及保税监管货物（内销保税货物除外）免予填报。

45. 价格影响确认

根据《审价办法》第十七条，填报确认纳税义务人是否可以证明特殊关系未对进口货物的成交价格产生影响，纳税义务人能证明其成交价格与同时或者大约同时发生的下列任何一款价格相近的，应视为特殊关系未对成交价格产生影响，填报"否"，反之则填报"是"：

（1）向境内无特殊关系的买方出售的相同或者类似进口货物的成交价格。

（2）按照《审价办法》第二十三条的规定所确定的相同或者类似进口货物的完税价格。

（3）按照《审价办法》第二十五条的规定所确定的相同或者类似进口货物的完税价格。

出口货物免予填报，加工贸易及保税监管货物（内销保税货物除外）免予填报。

46. 支付特许权使用费确认

根据《审价办法》第十一条和第十三条，填报确认买方是否存在向卖方或者有关方直接或者间接支付与进口货物有关的特许权使用费，且未包括在进口货物的实付、应付价格中。

买方存在需向卖方或者有关方直接或者间接支付特许权使用费，且未包含在进口货物实付、应付价格中，并且符合《审价办法》第十三条的，在"支付特许权使用费确认"栏目填报"是"。

买方存在需向卖方或者有关方直接或者间接支付特许权使用费，且未包含在进口货物实付、应付价格中，但纳税义务人无法确认是否符合《审价办法》第十三条的，填报"是"。

买方存在需向卖方或者有关方直接或者间接支付特许权使用费，且未包含在实付、应付价格中，纳税义务人根据《审价办法》第十三条，可以确认需支付的特许权使用费与进口货物无关的，填报"否"。

买方不存在向卖方或者有关方直接或者间接支付特许权使用费的，或者特许权使用费已经包含在进口货物实付、应付价格中的，填报"否"。

出口货物免予填报，加工贸易及保税监管货物（内销保税货物除外）免予填报。

47．自报自缴

进出口企业、单位采用"自主申报、自行缴税"（自报自缴）模式向海关申报时，填报"是"；反之则填报"否"。

48．申报单位

自理报关的，填报进出口企业的名称及编码；委托代理报关的，填报报关企业名称及编码。编码填报18位法人和其他组织统一社会信用代码。

报关人员填报在海关备案的姓名、编码、电话，并加盖申报单位印章。

49．海关批注及签章

供海关作业时签注。

2.1.3 范文模板

中华人民共和国海关进口货物报关单

预录入编号：　　　　　　　　　　　　　　　海关编号：

境内收货人	进境关别	进口日期	申报日期	备案号
境外发货人	运输方式	运输工具名称及航次号	提运单号	货物存放地点
消费使用单位	监管方式	征免性质	许可证号	启运港
合同协议号	贸易国（地区）	启运国（地区）	经停港	入境口岸

包装种类	件数	毛重	净重	成交方式	运费	保费	杂费

随附单证及编号

标记唛码及备注

项号 商品编号 商品名称及规格型号 数量及单位 单价/总价/币制 原产国（地区） 最终目的国（地区）境内目的地 征免

特殊关系确认：　　　价格影响确认：　　支付特许权使用费确认：　　　　自报自缴：

录入员　　　　　录入单位	兹声明对以上内容承担如实申报、依法纳税之法律责任	海关批注及签章

报关人员　　　　　　　　　　申报单位（签章）

中华人民共和国海关出口货物报关单

预录入编号：　　　　　　　　　　　　　　　　　　　海关编号：

境内发货人	出境关别		出口日期		申报日期	备案号
境外收货人	运输方式		运输工具名称及航次号		提运单号	
生产销售单位	监管方式		征免性质		许可证号	
合同协议号	贸易国（地区）		运抵国（地区）		指运港	离境口岸
包装种类	件数	毛重	净重	成交方式	运费	保费	杂费

随附单证及编号

标记唛码及备注

项号 商品编号 商品名称及规格型号 数量及单位 单价/总价/币制 原产国（地区） 最终目的国（地区）境内货源地 征免

特殊关系确认：　　　　价格影响确认：　　支付特许权使用费确认：　　　　自报自缴：

录入员　　　　录入单位	兹声明对以上内容承担如实申报、依法纳税之法律责任	海关批注及签章

报关人员　　　　　　　　　申报单位（签章）

2.2　进口许可证申请表

2.2.1　含义与特点

进口许可证，即进口货物许可证，是国家批准某种商品进口的证件。只要是国内的企业或单位，如果需要从国外进口货物，就必须向国家指定的签发进口许可证的机关申请，得到许可后方能办理对外订货。也就是说，一国政府为了禁止、控制或统计某些进口商品，规定只有从指定的政府机关申办并领取进口许可证，商品才允许进口。在获得进口许可证之前，需要先填写进口许可证申请表。进口许可证申请表，即进口商为取得进口许可证向发放进口许可证的有关机关提交的申请文件。

2.2.2　格式与写法

进口许可证申请表一式二联，除第三、四项和审批意见栏由发证机关填写外，其余各项均须申领许可证单位填写。填写好的许可证申请表须加盖申请单位公章。

下面详细介绍一下该表的填写方法：

1. 进口商

应该填写经对外贸易经济合作部（以下简称外经贸部）批准或核定的进口企业名称及代码。外贸企业进口应填写企业名称及代码；非外贸企业进口应填写"自购"，代码为"00000002"；如接受国外捐赠，此栏应填写"赠送"，代码为"00000001"。

2. 收货人

填写配额指标单位，配额指标单位应与批准的配额证明一致。

3. 进口许可证号

由发证机关给出。

4. 进口许可证有效截止日期

通常为一年。

5．贸易方式

主要包括一般贸易、易货贸易、补偿贸易、协定贸易、进料加工、来料加工、国际租赁、国际贷款、国际援助、国际招标、国际展销、国际拍卖、捐赠、赠送、边境贸易、许可贸易等。

6．外汇来源

主要包括银行购汇、外资、贷款、赠送、索赔、无偿援助、劳务等。

7．报关口岸

应填写进口到货口岸。

8．出口国（地区）

应填写外商的国别（地区）。

9．原产地国

应填写商品进行实际加工的国别（地区）。

10．商品用途

应根据实际情况填写。

11．商品名称与商品编码

应按规定的商品目录填写。

12．规格、型号

同一编码商品，只能填写4种不同的规格与型号。

13．单位

也就是计量单位。非限制进口商品，此栏以"套"为计量单位。

14．数量

应按规定的计量单位填写。

2.2.3　范文模板

中华人民共和国进口许可证申请表（第一联）

1.进口商：　　　代码				3.进口许可证号：		
2.收货人：				4.进口许可证有效截止日期： 　　　年　　月　　日		
5.贸易方式：				8.出口国（地区）：		
6.外汇来源：				9.原产地国（地区）：		
7.报关口岸：				10.商品用途：		
11.商品名称：　　　　　　　商品编码：						
12.规格、型号	13.单位	14.数量	15.单价（币别）	16.总值（币别）	17.总值折美元	
18.总　计：						
19.领证人姓名： 联系电话： 申请日期： 下次联系日期：				20.　签证机构审批（初审）： 终审：		

中华人民共和国商务部监制　　　　　　第一联（正本）签证机构存档

中华人民共和国进口许可证申请表（第二联）

1.进口商：　　代码			3.进口许可证号：		
2.收货人：			4.进口许可证有效截止日期： 　　　　年　　月　　日		
5.贸易方式：			8.出口国（地区）：		
6.外汇来源：			9.原产地国（地区）：		
7.报关口岸：			10.商品用途：		
11.商品名称：　　　　　　　商品编码：					
12.规格、型号	13.单位	14.数量	15.单价（币别）	16.总值（币别）	17.总值折美元
18.总　计：					
19.领证人姓名： 联系电话： 申请日期： 下次联系日期：			不能获准原因： 1.公司无权经营；　　　　8.第（　）项须补充说明函； 2.公司编码有误；　　　　9.第（　）项与批件不符； 3.到港不妥善；　　　　　10.其他。 4.品名与编码不符； 5.单价（高）低； 6.币别有误； 7.漏填第（　）项；		

中华人民共和国商务部监制　　　　　　　　第二联（副本）取证凭证

2.3　出口许可证申请表

2.3.1　含义与特点

出口许可证由政府相应的管理机构签发，是本国对外国出口货物实行管制的一项措施。通常，某些国家对国内生产所需的原料、半制成品以及国内供不应求的一些紧俏物资和商品实行出口许可证制，通过签发许可证对其进行控制，限制或禁止其出口，以满足国内市场和消费者的需要，保护民族经济。另外，某些不能复制、再生的古董文物也是各国的保护对象，严禁出口；根据国际通行准则，鸦片等毒品以及各种淫秽品也禁止出口。

在我国，凡是国家规定的实行出口许可证制的商品，任何外贸企业或个人均不得以任何方式出口，如要出口，须提前申领出口许可证；非外贸企业或个人运往国外的货物，不论该商品是否实行出口许可证制，价值在1000元人民币以上的，一律须申领出口许可证；属于个人随身携带出境或邮寄出境的商品，除符合海关规定的自用、合理数量范围外，也都应申领出口许可证。

2.3.2　格式与写法

申领出口许可证的单位或个人，应按以下要求规范填写出口许可证申请表。

1. 出口商

配额管理出口商品的出口商，应填写出口配额指标单位的进出口企业的全称；一般许可证管理出口商品的出口商，应填写有出口经营权的各类进出口企业的全称；还贷、补偿贸易项目下出口商品的出口商，应填写有出口经营权的代理公司的全称；非外贸单位经批准出运货物的出口商，应填写该单位的全称。企业代码应按外经贸部授权的发证机关编定的代码填写。

2. 发货人

配额招标商品的发货人与出口商要一致。其他配额管理出口商品的发货人原则上应与出口商一致，但与出口商有隶属关系的可以不一致。

3. 出口许可证号

由发证机关给出。

4. 出口许可证有效截止日期

实行"一批一证"制的商品，其许可证的有效期自发证之日起最长为三个月。不实行"一批一证"制的商品、外商投资企业和补偿贸易项目下的出口商品，其许可证有效期自发证之日起最长为六个月。

5. 贸易方式

主要包括一般贸易、易货贸易、补偿贸易、进料加工、来料加工、边境贸易、出料加工、转口贸易、期货贸易、承包工程、国际展销、协定贸易、其他贸易等。

6. 合同号

指申请许可证、报关及结汇时所用的出口合同的编码。展品出运时，此栏应填写外经贸部批准办展的文件号。

7. 报关口岸

指出运口岸，此栏允许填写三个口岸，但仅能在一个口岸报关。

8. 进口国（地区）

指最终目的地，不允许使用地域名（如欧洲等）。

9. 付款方式

主要包括信用证、托收、汇付、本票、现金、记账和免费等。

10. 运输方式

主要包括海上运输、铁路运输、公路运输、航空运输、邮政运输、固定运输等。

11. 商品名称和商品编码

按外经贸部发布的《出口许可证管理货物目录（2020年）》的标准名称填写。

12. 规格、等级

该项用于对所出口的商品做详细说明，具体包括品种、规格、等级。同一编码商品的规格、等级超过四种时，应另行填写出口许可证申请表。

13. 单位

指计量单位。

14. 数量

应按规定的计量单位填写。

2.3.3 范文模板

中华人民共和国出口许可证申请表

1.出口商：　　代码： 领证人姓名：　　电话：			3.出口许可证号：		
2.发货人：　　代码：			4.出口许可证有效截止日期： 　　年　月　日		
5.贸易方式：			8.进口国（地区）：		
6.合同号：			9.付款方式：		
7.报关口岸：			10.运输方式：		
11.商品名称：　　　　　商品编码：					
12.规格、等级	13.单位	14.数量	15.单价（币别）	16.总值（币别）	17.总值折美元
18.总　计					
19.备　注 　　申请单位盖章 申领日期：	20.签证机构审批（初审）： 　　　　经办人： 终审：				

填表说明：1. 本表应用正楷逐项填写清楚，不得涂改、遗漏，否则无效。

2. 本表内容需打印多份许可证的，请在备注栏内注明。

2.4　货物进口证明书

2.4.1　含义与特点

货物进口证明书是指依据国家有关法律、行政法规、规章和国际公约的要求，海关在办结进口货物放行手续后，应进口货物收货人的申请所签发的证明文书。

在贸易过程中，货物所有人如果需要证明货物确属进口或已经进口，可向海关申请出具货物进口证明书，但需要证明的货物必须是已经经过海关监管验放的合法进口的货物。

2.4.2　格式与写法

在填写货物进口证明书时，要注意以下几点：

（1）货物进口证明书通常用中文填写，有时出于对外需要，应货主的申请也可以用英文填写。

（2）填写的字迹要清晰、工整、规范，不得有任何涂改。

（3）货物进口证明书要加盖"中华人民共和国××海关单证用章"，并由各海关按关区对证明书进行统一编号。已试用防伪印油的海关，一律使用防伪印油，还未试用的海关，暂时使用普通印油。

（4）对机动车辆（汽车和摩托车）签发货物进口证明书时，须做到一车一证，按流水号顺序编号，货物进口证明书和其存根的"货名及规格"栏内要将汽车的厂牌型号、车身颜色、发动机号码、车架号码、出厂日期和制造国别等内容一并填写。

（5）对个人自用机动车辆的货物进口证明书，携带入境的由进境地海关开出，境外售券国内提货和外汇免税店购买的由提货所在地海关开出。货物进口证明书开出后应在购车发票上签注"证明书已发"字样。

（6）货物进口证明书开出后应在报关单的备注栏内签注。

2.4.3　范文模板

中华人民共和国海关　　字　　号

货物进口证明书　No.

The Customs of the People's Republic of China

Certificate of Importation of Cargo

查下列货物装＿＿＿＿＿＿＿自＿＿＿＿＿＿于＿＿＿＿年＿＿＿月＿＿＿日
　　　　　　　（运输工具名称）　（起运地点）

运抵本口岸，业经＿＿＿＿＿＿＿于＿＿＿＿年＿＿＿月＿＿＿日按章办结进口
　　　　　　　（货主或代理人）

手续。特此证明

This is to certify that the following cargo shipped per＿＿＿＿＿＿＿＿＿＿＿
　　　　　　　　　　　　　　　　　　　　（Name of means of conveyance）

from＿＿＿＿＿＿＿arrived at this port on the date of＿＿＿＿and that all customs
　　（Shipping port）

formalities for the importation of the cargo have been duly completed by the

consignee （or his agent） ＿＿＿on the date of＿＿＿.

商品编号 H. S. Code	货名及规格 Description of Cargo Standard	标记号码 Marks & Numbers	件数 Number of Packages	数（重）量 Quantity （Weight）	价格 Value

＿＿＿＿＿海关关长＿＿＿＿

海关（印章）　　Chief of ＿＿＿＿Customs

＿＿＿年＿＿＿月＿＿＿日

Date ＿＿＿＿＿＿＿＿＿

2.5　出境货物报检单

2.5.1　含义与特点

出境货物报检单，指的是对外贸易关系人向检验检疫机构提出的，要求其对出口商品进行检验、鉴定的申请文书。它是出口企业根据国家法律或货物买卖合同的规定办理出口商品检验前必须填制的单据，是检验检疫机构对商品进行检验并出具相关证明的重要依据。填写出境货物报检单，是整个商品检验过程中非常重要的一环。

2.5.2　格式与写法

出境货物报检单是一张制式表格，申请人按照要求如实填写即可，下面介绍具体的填写要求：

（1）报检单位：填写向检验检疫机构申报检验、检疫、鉴定业务的单位，并加盖公章。

（2）报检单位登记号：填写报检单位在检验检疫机构备案/注册登记的编号。

（3）发货人：填写本批货物贸易合同中卖方的名称，如需要出具英文证书，则需要填写中英文。

（4）收货人：填写本批货物贸易合同中买方的名称，如需要出具英文证书，则需要填写中英文。

（5）货物名称：按贸易合同或发票所列的货物名称所对应国家检验检疫机构制定公布的《出入境检验检疫机构实施检验检疫的进出境商品目录》所列的货物名称填写。

（6）H.S.编码：填写货物对应的《商品名称及编码协调制度》中的代码（8位数或10位数）。

（7）产地：填写本批货物生产/加工的省（自治区、直辖市）及地区（市）名称。

（8）数/重量：填写本批报检货物的数量或重量，重量一般填写净重，如填写毛重或以毛重作为净重，则需要注明。

（9）货物总值：按本批货物合同或发票上所列的总值填写（以美元计），如同一报检单报检多批货物，则需要列明每批货物的总值。（注：如申报货物总值与国内、国际市场价格有较大差异，则检验检疫机构保留核价权力。）

（10）包装种类及数量：填写本批货物运输包装的种类及数量。

（11）运输工具名称号码：填写本批货物实际装载的运输工具类别名称（船、飞机、货柜车、火车等）及运输工具编号（船名、飞机航班号、车牌号码、火车车次等）。在报检时未能确定运输工具编号的，可只填写运输工具类别。

（12）贸易方式：根据实际情况选填一般贸易、来料加工、进料加工及其他。

（13）货物存放地点：填写本批货物存放的位置。

（14）合同号：填写贸易双方就本批货物出境而签订的贸易合同编号。

（15）信用证号：填写本批货物所对应的信用证编号。

（16）用途：填写本批货物出境用途，如食用、观赏或演艺用、实验用、药用、饲料用、加工用等。

（17）发货日期：填写本批货物信用证或合同所列的出境日期。

（18）输往国家（地区）：填写本批货物贸易合同中买方（进口方）所在的国家或地区。

（19）许可证/审批号：对实施许可证制度、审批制度管理的货物，报检时填写安全质量许可证编号或审批单编号。

（20）启运地：填写装运本批货物离境的交通工具的启运口岸或地区城市名称。

（21）到达口岸：填写装运本批货物的交通工具最终抵达目的地停靠的口岸名称。

（22）生产单位注册号：填写生产/加工本批货物的单位在检验检疫机构的备案/注册登记编号。

（23）集装箱规格、数量及号码：填写装载本批货物的集装箱规格及分别对应的数量和集装箱号码全称。若集装箱太多，可用附单形式填报。

（24）合同、信用证订立的检验检疫条款或特殊要求：填写贸易合同或信用证中贸易双方对本批货物特别约定而订立的质量、卫生等条款和报检单位对本批货物检验检疫的其他特别要求。

（25）标记及号码：按出境货物实际运输包装上的标记填写，如没有标记，则填写N/M，标记填写不下时可用附页填报。

（26）随附单据：根据实际提供的单据在对应的窗口打"√"。

（27）需要证单名称：选择需要检验检疫机构出具的证单，在对应的窗口打"√"，并注明证单正副本的数量。

（28）报检人郑重声明：必须有报检人的亲笔签名。

2.5.3　范文模板

中华人民共和国出入境检验检疫
出境货物报检单

报验单位（盖章）：　　　　　　　　　　　　　　*编　　号

报检单位登记号：　　　联系人：　　　电话：　　　报检日期：　　年　月　日

发货人	（中文）
	（外文）
收货人	（中文）
	（外文）

货物名称（中/外文）	H.S.编码	产地	数/重量	货物总值	包装种类及数量

运输工具名称号码			贸易方式		货物存放地点	
合同号			信用证号		用途	
发货日期		输往国家（地区）		许可证/审批号		
启运地		到达口岸		生产单位注册号		
集装箱规格、数量及号码						

合同、信用证订立的检验检疫条款或特殊要求	标记及号码	随附单据（划"√"或补填）	
		□合同	□包装性能结果单
		□信用证	□许可/审批文件
		□发票	□
		□换证凭单	□
		□装箱单	□
		□厂检单	□

需要证单名称（划"√"或补填）		*检验检疫费	
□品质证书　　　__正__副	□植物检疫证书　　__正__副	总金额	
□重量证书　　　__正__副	□熏蒸/消毒证书　　__正__副	（人民币元）	
□数量证书　　　__正__副	□出境货物换证凭单　__正__副	计费人	
□兽医卫生证书　__正__副	□		
□健康证书　　　__正__副	□	收费人	
□卫生证书　　　__正__副	□		
□动物卫生证书　__正__副	□		

报检人郑重声明：	领取证单	
1. 本人被授权报检。		
2. 上列填写内容正确属实，货物无伪造或冒用他人的厂名、标志、认证标志，并承担货物质量责任。	日期	
签名： _____	签名	

注：有"*"号栏由出入境检验检疫机关填写　　　　　　◆国家出入境检验检疫局制
[1-2（2000.1.1）]

2.6　出口商品预验申请单

2.6.1　含义与特点

出入境检验检疫机构为了方便对外贸易，根据实际需要，对某些经常出口的商品同意预先检验，简称出口预验。

出口商品预验申请单是出口商品申请预先检验时使用的文书。它只能用于申请出口商品的预先检验。经预验合格的商品，在出口装运前必须持出口商品检验换证单及有关单证向本地检验检疫机构办理报验，申请出口换证，在获得放行手续后方能出口。

出口商品预验有以下四个优点：

一是可以及早发现不合格商品。

二是可以防止不合格商品被运抵口岸，造成积压和其他损失。

三是有助于出口企业了解货物的实际质量。

四是有助于加强质量监督管理。

2.6.2　格式与写法

出口商品预验申请单的填写要求如下：

（1）本申请单各栏必须填写完整、准确、清晰。

（2）申请单位应加盖公章。

（3）商品名称、规格：按照购销合同或外销合同上所列名称填写。

（4）商品编码：按《对外贸易进出口业务统计商品目录》填写。

（5）生产（加工）厂：填写出口商品生产企业全称。

（6）卫生注册/许可证号：填写检验检疫机构签发的卫生注册证书号或出口商品质量许可证号。

（7）批号：按企业生产批次号填写。

（8）商品总值：填写外贸经营单位的收购总值。

（9）检验依据：填写购销合同或外销合同上所注明的检验依据。

（10）包装状况：填写包装材料与包装状况是否良好。

另外，还需要提供出口商品生产企业与外贸经营单位的购销合同，如对外已签订合同，则应提供外销合同。

2.6.3 范文模板

出口商品预验申请单

申请单位：　　　　　　　　　日　期：

联系人：　　　　　　　　　　电　话：

地址：　　　　　　　　　　　预验号：

中华人民共和国进出口商品检验局：

兹有下列商品申请预验，请照章办理。

商品名称、规格		商品编码	
生产（加工）厂		卫生注册/许可证号	
数量/重量		批号	
商品总值		生产日期	
预约工作日期		货物存放地点	
检验依据			
所附单证（打√或补填）			

厂检结果单	购销合同	外销合同				
申请预验项目（打√或补填）		质量规程		数量重量		包装状况
		包装		安全卫生		
备　注						

2.7　进出口商品复验申请表

2.7.1　含义与特点

　　进出口商品的报检人对出入境检验检疫机构作出的检验结果有异议的，按照法律法规的规定，可以向作出检验结果的检验检疫机构或者其上级检验检疫机构申请复验，也可以向国家质检总局申请复验。受理复验的检验检疫机构或者国家质检总局负责组织实施复验。

　　一般情况下，报检人申请复验，应当在自收到检验检疫机构的检验结果之日起15日内提出。申请复验时，需要填写的带有格式的表格即为进出口商品复验申请表。

2.7.2　格式与写法

　　进出口商品复验申请表是一张制式表格，申请人需按照要求如实填写。填写的事项主要包括申请人的基本情况（包括名称、地址、邮编等）；申请日期；收、发货人；商品名称；规格/牌号；生产企业；数（重）量；贸易国家/地区；存放地点；原检验机构；等等。

　　填写时字迹要清晰、工整，不可有涂改。

2.7.3　范文模板

进出口商品复验申请表

申请人（盖章）　　　　　　　　申请人地址及邮编：

联系人姓名及电话：　　　　　　申请提交日期：　　年　　月　　日

发货人		商品名称		
收货人		规格/牌号		
生产企业		数（重）量		
贸易国家/地区		存放地点		
原检验机构		标记及唛头		
原检验时间、地点				
原检验证单号				
原出证日期				
合同/信用证号				
申请复验项目				
申请理由				
随附单证	1.原检验证单	2.合同		3.信用证
	4.发票	5.运单		6.装箱单
	7.其他			

　　我单位/本人了解申请表内已填的全部内容，所有内容及呈交的文件资料真实正确，并保证做到：1.申请复验的商品质量、数量、重量符合原报检时的状态并保留原报检时的包装、封识、标志。2.接受检验检疫机构的监督检查，保证提供所需资料、文件的真实性。

　　如违反上述保证，我单位/本人愿承担由此引发的相关后果和法律责任。

　　法人代表/自然人签字：

第 3 章
涉外报告类文书

报告是一种很常见的文书，它的种类颇多，涉外报告类文书是其中的一种，一般由某个行业的资深人士来撰写。这类文书主要对国际市场、国际贸易等进行专业、系统的分析与预测，并为企业、国家相关机构的决策提供参考。

3.1　国际市场调研报告

3.1.1　含义与特点

国际市场调研报告是一种反映国际上各个国家的市场环境、市场信息和情报资料，以便为国际市场预测和企业营销决策提供科学依据的应用文书。

国际市场调研报告有以下几个主要特点：

一是内容涉及范围广。国际市场调研报告的内容不仅涉及不同社会制度下各个流通领域的国际市场，还涉及贸易、技术、劳务等不同内容的国际市场。所以，只有通过各种不同的信息渠道搜集、占有材料，才能编制出好的国际市场调研报告。

二是内容变化频率高。国际市场具有变化多端的特点，所以在编制国际市场调研报告的过程中，需要采用现代化的通信手段快速地获取、掌握相关的材料。

三是获取信息难度大。为了竞争需要，一些商业信息需要保密，所以，编制者需要想尽各种方法获取那些真实的、有价值的、最新的相关材料。

3.1.2　格式与写法

国际市场调研报告通常由标题、署名、正文三部分组成。

1. 标题

国际市场调研报告常采用文章标题法，或揭示主题，如"××××有话要说"；或提出问题，如"××××将何去何从"。也有用公文标题法的，其基本形式是"关于××××市场的调研报告"。

2. 署名

即在标题下写上作者的姓名。

3. 正文

正文包括开头、主体和结尾三部分。开头部分写调研概况，或对被调研市场的情况做简要的回顾，或提出市场销售方面的问题等；主体部分对被调研市场的情况做深入的分析，这是报告的重点；结尾部分通常对未来提出希望，或针对现有问题提出建设性的意见。

3.1.3　范文模板

关于××××市场的调研报告

×××

为探讨××××消费者的需求和购买取向，××××协会于××××年××月在××国进行了一次××××调研。调研显示，××国有××%的家庭添置了××××。在××国，××××市场能达到……

一、××%的家庭成员参与了××××

这次调研共访问了××××个拥有××××和××××的××国家庭。结果显示，在每个受访家庭当中，有××%的家庭成员参与了××××，比××××年减少了××%。用户平均年龄为××岁，××岁以下的占××%，另有××%的用户，其年龄超过了××岁。

…………

二、××××市场规模达××××美元

就××××的统计，××××年××国××××和××××的销售额分别为××××美元和××××美元，合计为××××美元，较上一年增加××%。在销量方面，××××年，××国分别售出××××套××××，以及××××套××××，合计近××××套，较××××年增加了××%。有××%的用户计划于××××年继续购买××××。

⋯⋯⋯⋯

三、××××市场前景展望

⋯⋯⋯⋯

此外，调研也发现在××国家庭中，平均有××%的家庭成员使用××××，比××××年增加了××%，这也显示了⋯⋯

3.2　国际经济调研报告

3.2.1　含义与特点

国际经济调研报告，又叫外经调研报告，是用以调查研究并及时反映世界经济、国际区域经济、各经济组织及各国经济状况的书面文字，是一种外经调研类文书。通常，其在形式上与报告相似，所以被称为国际经济调研报告。

在涉外经济活动中，国际经济调研报告具有以下三方面的作用：

一、它是观察透视世界经济形势的窗口。

二、它是制定外经外贸方针政策的依据。

三、它可以为国内经济建设提供必要的借鉴。

3.2.2　格式与写法

国际经济调研报告通常由标题、署名、正文三部分组成。

1. 标题

此类报告的标题多采用文章标题法，也就是通过一句话揭示国际经济调研报告的课题，比如"××国经济将何去何从"。另外，也可以采用新闻标题法，即标题由引题与主题两部分构成，比如引题是"经过××个月的衰退",主题是"××国下半年经济呈缓慢增长趋势"。

2. 署名

在标题的正下方署上作者的姓名,有时也可以署在正文之后。

3. 正文

正文包括开头、主体和结尾三部分。开头部分要用简洁的语言引领全文的主要内容,或交代调研的基本情况,或说明材料的来源;主体部分写被调研的区域、国家或某个经济组织的主要经济状况,并分析造成此种状况的原因;结尾部分通常预测未来发展的趋势(这部分内容也可以省略)。

3.2.3 范文模板

××国经济何时迎来曙光?

×××

××国经济是否能迎来曙光?对于这个问题,××国的经济学家们曾异口同声地答道:"××××年下半年××国经济将出现复苏,其全年经济增长率可达××%以上。"然而,从近期××国接连传来的信息来看,经济学家们的预言过于乐观。

经济负增长。建筑业兴,则百业兴,××国的经济学家们常常把建筑业的兴衰作为衡量一国经济形势的重要标准之一……

财政赤字。经济形势不景气,导致政府财政收入锐减。××国财政部长×××最近透露……

通货膨胀加剧。……

竞争力削弱。××国经济在国际市场上的竞争力明显削弱……

外贸逆差扩大。××国的对外进出口贸易,特别是出口贸易,处于疲软甚至萎缩状态。据统计,……

失业问题日益严重。充分就业的时代已经成为过去,各行各业的失业人数自去年××月以来一增再增。……

个人购买力下降。在严重的通货膨胀和失业问题的影响下,××国百姓囊中羞涩,购买力不断下降。就连政府部门也不得不承认……

严酷的现实已使经济学家对××国经济近期前景的估计由原来的乐观

变为悲观。为了控制通货膨胀，××××银行今后仍将奉行高利率政策……至于通货膨胀问题，它在短期内也不可能出现惊人的好转，起码在今后××年内，它将……

3.3　国际经济决策报告

3.3.1　含义与特点

国际经济决策报告是一种决策类外经文书，它着重研究和反映的是一个国家或地区在对外经济上的经营战略、策略问题。具体来讲，该报告主要研究和反映一个国家或地区在对外经济方面的决定、方针、政策、意见、方案、措施和办法等内容。

3.3.2　格式与写法

国际经济决策报告通常由标题、署名、正文三部分组成。

1. 标题
国际经济决策报告的标题常采用新闻标题法，即引题加主题的形式。例如，有一篇决策报告的引题是"针对××××新形势"，主题是"××××地区推出××××发展××××策略"；另一篇决策报告的引题是"适应全球经济新形势"，主题是"××××地区××××纷纷改变销售策略"。

有的国际经济决策报告也会采用文章标题法，比如"××××环境污染及治理"等。

2. 署名
在标题的正下方署上作者的姓名，有时也可以署在正文之后。

3. 正文
正文包括开头、主体和结尾三部分。开头部分一般写导语和决策意见概述；主体部分叙述决策的具体实施意见或阐明决策的依据；结尾部分总结全文，再次强调核心议题，或对未来进行展望。

3.3.3 范文模板

适应全球经济新形势

××××地区××××纷纷改变销售策略

受到××××和××××的影响，××××地区面对国际市场形态的新变化，正在逐步改变销售策略。

据××××报道，××××地区是全球××××的主要供应来源地，在国际市场上，每年约有××%～××%的××××、××%～××%的××××由××××地区供应，而该区××××的出口额每年更是超过××××美元。

据分析，××××地区××××目前所受到的冲击主要是⋯⋯

对此，××××地区采取如下新策略：

一是⋯⋯

二是⋯⋯

三是⋯⋯

（作者 ×××）

3.4 国际市场分析报告

3.4.1 含义与特点

国际市场分析报告又称世界市场分析报告，是分析类外经文书的一种。它以国际市场现象、状况、形势为分析对象，通过对国际市场的分析，找出国际市场繁荣或衰退的原因，从而利用商品价值规律和其他经济杠杆促进国际市场的发展与繁荣。

国际市场分析报告具有以下三个特点：

一是客观性。国际市场分析报告必须如实反映国际市场的状况，即用通俗、简洁的文字将诸如市场供求总量、市场供求结构、市场基本态势或某种商品的供求状况等写清楚，使报告较详细、准确地反映国际市场的基本面貌和基本情况。

二是归因性。归因，即分析事件背后的原因。国际市场分析报告要分析市场中某种现象、形势产生的主观原因和客观原因。

三是预测性。国际市场分析报告要对国际市场未来一段时间的发展形势作出预测，预测它将来的趋势。

3.4.2　格式与写法

国际市场分析报告通常由标题、署名、正文三部分组成。

1. 标题

标题的写法有两种，一是文章标题法，二是新闻标题法。需要注意的是，不论采用哪种写法，其文字都要简洁，且主题要突出。

2. 署名

如果采用文章标题法拟定标题，则署名通常写在标题的正下方；如果采用新闻标题法拟定标题，则作者的姓名可署在电头之后、导语之前，有时也可以署在正文的后面。

3. 正文

国际市场分析报告的正文包括开头、主体和结尾三部分。开头部分要用简要的文字概括报告的内容；主体部分要介绍国际市场的现状、形势等，分析造成该现状、形势的原因，包括主观原因、客观原因和主要原因、次要原因等，这一部分是报告的核心，所以要写得详细一些；结尾部分要对分析对象在未来一段时间的发展趋势作出预测，并给出意见或建议。

3.4.3　范文模板

××××年我国××××国际市场分析报告

×××

××××年以来，我国××××出口数量虽然保持高位增长，已经连续几年在××××出口中保持第一的位置，但是增长态势并不乐观。在××××年与××××年出口数量增长幅度分别达到××%和××%之后，

××××年突然下降到××%，几乎呈停滞状态。××××年出口数量增幅又突然飚升到××%，××××年下滑至××%。××××年××××出口排名前三位的大宗产品为：××××、××××及××××。××××在经历××××年的低迷后，于××××年出现转机，……

从近几年××××的出口状况中我们看到，我国××××出口还是数量推动型模式，而不是质量推动型模式，更不是品牌领袖型模式。所以，我国××××出口的发展速度变化极不稳定。

在情况已经非常明朗的情况下，要想保持和推进我国××××出口市场的平稳发展，应该采取的措施有：

一、认真解决××××在出口中出现的新问题，思考如何突破技术性贸易壁垒。

二、严格控制与稳步发展××××的出口，努力争取国际市场中我国××××应有的声誉。

三、提倡与鼓励××××的经营模式。

四、继续加强××××政策，采取积极措施吸引外资，继续坚定不移地发展××××。

五、在科研领域中不提倡概念性、炒作性、猎奇性的研究项目。

六、将××××纳入××××出口范围。

3.5　国际商品预测报告

3.5.1　含义与特点

国际商品预测报告是预测类外经文书的一种，它的主要内容是估计、预测国际商品未来的发展趋势。

国际商品预测与国际市场预测相互联系：国际市场离不开国际商品，离开了国际商品，国际市场就不能称为国际市场；同样，国际商品也离不开国际市场，离开了国际市场，国际商品就失去了交换场所。

因此，国际市场预测往往会涉及国际商品，国际商品预测也必然与国际市场有着千丝万缕的联系。

3.5.2 格式与写法

国际商品预测报告通常由标题、署名、正文三部分组成。

1. 标题

标题的写法主要有三种：一是公文标题法，即标题由预测的时限、国际商品名称（或种类）和文种（或变形）组成，如"××××时代××××发展趋势"。其中，"××××时代"是预测的时限；"××××"是国际商品名称；"发展趋势"是"预测报告"的另一种提法。二是文章标题法，如"从××××看××××出口走势"。三是新闻标题法，即标题由引题和主题组成，如引题是"××国××××组织专家预测"，主题是"××××年国际市场××××平均价格将降低××××美元"。

2. 署名

若采用文章标题法拟定标题，则署名通常写在标题的正下方；若采用新闻标题法拟定标题，则姓名可署在电头之后、导语之前，有时也可以署在正文的后面。

3. 正文

正文包括开头、主体和结尾三部分。开头部分写明资料来源并给出预测结果，或交代调查情况并提出问题；主体部分写对预测结果的具体说明或预测依据；结尾部分或提出对国际商品发展的希望与要求，或强调某个问题。

3.5.3 范文模板

全球消费品的发展趋势

×××

随着社会经济的快速发展，人们对消费品的要求越来越高，已不再简单地追求经久耐用、价格低廉。在激烈竞争的条件下，新的消费品层出不穷，让人眼花缭乱。如今，多功能商品、组合式商品、一次性商品、健身商品、新奇商品、仿古商品等已成了消费品市场的新宠。

《××××》作者×××对全球消费品的发展趋势进行了如下分析：

一、多功能商品

…………

二、组合式商品

…………

三、一次性商品

…………

四、健身商品

…………

五、新奇商品

…………

六、仿古商品

…………

现在，消费品的种类已极大丰富，商家竞争越来越激烈，在千变万化的市场中，只有把握住人们的消费观念，紧跟时代的节拍，才能在激烈的竞争中笑到最后。

3.6　国际贸易分析报告

3.6.1　含义与特点

国际贸易分析报告以分析国际贸易的情况、形势和存在的问题为主要内容，为国际之间自觉地调整贸易关系、解决贸易问题、加强贸易往来，以及促进世界经济的共同发展提供有益的借鉴。所以，国际贸易分析报告对企业的发展、国家对外贸易政策的制定都有着重要的意义。

3.6.2　格式与写法

国际贸易分析报告由标题、署名、正文三部分组成。

1. 标题

标题的写法有两种，分别是文章标题法和新闻标题法。

文章标题法中的标题可以采用单行标题，也可以采用多行标题。如"××国的××××贸易分析"为单行标题，揭示了分析报告的课题；又如"我们应重视××××——我市对外贸易现状及对策分析"就采用了多行标题。

新闻标题法通常采用多行标题，如由引题"××××产量增加　××××业发展"和主题"××国××××年创出口新纪录"组成的标题。

2. 署名

如果报告采用的是文章标题法，则作者的姓名应署在标题之下；如果报告采用的是新闻标题法，则作者的姓名应署在电头之后或正文的后面。

3. 正文

正文通常包括开头、主体和结尾三部分。开头部分写材料来源或对全文进行概括；主体部分写贸易情况及对其作出的分析，情况要具体，分析要透彻；结尾部分提出建议或作出简单的预测。

3.6.3　范文模板

××××产量增加　××××业发展

××国××××年创出口新纪录

本报讯（记者　×××）××国财政部负责人宣称，××××年××国出口额达××××美元，比××××年的××××美元增长了××%，创××年以来的最高纪录。出口贸易吨位由××××年的××××吨增至××××年的××××吨，增长了××%。××国外贸顺差由××××年的××××美元增至去年的××××美元，增幅高达××%。

××国出口额创下新纪录的主要原因是××××造成××××上涨和××××出口量猛增，以及××国××××和××××出口额增加。××××年××国××××出口额达××××美元，比××××年增长了××%，××××出口由××××年的××××美元增至××××年的××××美元，增长了××%。

　　在××国的进口商品中，增幅较突出的有××××、××××和×××
×。引人注目的是，有几个国家去年对××国的××××需求量较大，因
此，××国的出口量较去年同期增长了××%。

第4章
涉外贸易类文书

　　涉外贸易类文书是涉外商贸机构、涉外企事业单位等组织或机构开展涉外商务活动必不可少的应用文书。随着我国对外贸易的发展，涉外贸易类文书的应用越来越广泛，因此，提高涉外贸易类文书的写作水平显得越来越重要。

　　涉外贸易类文书具有以下三个特点：

　　一是目的性。由于涉外贸易类文书大多针对某项具体业务或某个具体问题，所以这类文书的针对性很强。往往针对不同的问题，需要用到不同种类的文书。

　　二是时效性。大多数涉外贸易类文书都有既定的模板，也就是说，某类贸易问题会对应某种文书，这样既可以做到规范，又可以保证有效。

　　三是准确性。涉外贸易类文书在格式和语言方面不可以随意发挥，而要以叙述和说明为主。文中涉及的时间、地点、事实、数字都必须准确无误，不允许出现任何有歧义、模棱两可或含糊不清的情况。

　　涉外贸易类文书是国与国之间进行经济贸易往来的一种手段，也是开展外贸经济工作的重要工具。离开了这类文书的写作，外贸经济工作就难以开展。因此，对于涉外贸易类文书的重要性，写作者要有明确的认识。

4.1　外贸意向书

4.1.1　含义与特点

　　在对外贸易中，外贸意向书是比较常见的一种文书。简单来说，它是指贸易双方就合作项目中的某项内容达成初步意见后所形成的一种书面文件，体现了双方对该项目的合作态度与愿望。

4.1.2 格式与写法

外贸意向书一般由标题、开头、正文、落款四部分组成。

1. 标题

外贸意向书的标题通常由项目名称和文种构成，如"合资兴建××××加工厂意向书"等。

2. 开头

外贸意向书的开头应该详细写明合作双方单位的全称，双方洽谈的简要情况，磋商后达成的意向性意见，以及本着什么原则、精神，兴建什么项目。

3. 正文

对于双方已经达成的共识或意向性意见，最好分条叙述，如项目的基本情况、项目建设周期等。需要注意的是，在阐述时，要为后续的洽谈工作留有余地，如可附加"未尽事宜，以××××或××××的形式予以补充"这样的条款。

在撰写这部分内容时，最好严格按照洽谈会议的记录来整理，切不可胡编乱造；在撰写意向内容时要分条叙述，同时各种意向应参照合同或协议的条款排列。语言要准确，不能含糊其词。

4. 落款

落款处应注明意向书的签订日期、合作双方单位的全称和代表的姓名，最后签字盖章。

4.1.3 范文模板

合资兴建××××加工厂意向书

××国××省××××公司（以下简称甲方）与××国××省××××公司（以下简称乙方），本着友好、平等、互利的原则，于××××年××

月××日至××月××日，××××年××月××日至××月××日，先后两次在××国××××就合资兴建××××加工厂有关事宜进行了友好协商。在此基础上，乙方派人于××××年××月××日至××月××日赴××国××××对此事进行了进一步磋商；甲方应××××协会的邀请于××××年××月××日至××日，一行四人在××××服务中心有关负责同志的陪同下，对××××进行了实地考察和商定，甲乙双方同意利用××××的设施合资兴建一座××××加工厂，现达成如下意向：

一、整体规划与分期投资

···········

二、合营期限与货币计算方式

···········

三、工厂规模

···········

四、投资金额及比例

···········

五、双方责任分担

···········

六、利润分配及亏损分担

···········

七、合资兴建加工厂的未尽事宜，在正式签订协议书时予以补充。此意向书用××、××两种文字书写，一式两份，双方各持一份。

甲方：（盖章）××国××省××××公司　　乙方：（盖章）××国××省××××公司

　　　　代表（签字）：×××　　　　　　　　代表（签字）：×××

　　　　××××年××月××日　　　　　　　　××××年××月××日

4.2　外贸会谈纪要

4.2.1　含义与特点

外贸会谈纪要是指中方就外贸进出口业务与外商进行洽谈后，根据会谈记录整理出来的一种书面文件。

外贸会谈纪要的主要内容为：将会谈中双方就进出口业务商定的事项和有待解决或遗留的问题记录下来。

外贸会谈纪要有以下三个特点：

一、它是谈判过程的真实反映，是贸易双方代表的意思的真实表现。

二、会谈纪要经双方代表签字后具有一定的约束力。

三、会谈纪要以诚实为基础，一般不具有法律效力。

4.2.2　格式与写法

外贸会谈纪要一般由标题、开头、正文、落款四部分组成。

1. 标题

会议纪要的标题一般由会谈的名称和文种构成，如"关于设立××××贸易机构的会谈纪要"等。会谈日期可以写在标题右下方，也可以写在会谈纪要的落款处。

2. 开头

开头部分要简要说明会谈的情况，如交代一下双方的单位名称、与会人数、参会人的姓名及会谈的目的、意向。

3. 正文

正文部分叙述会谈商定的具体事项，可以进行总结归纳，也可以分条列出双方在会谈中取得一致意见的主要内容，以及双方的权利和义务。由于会谈纪要针对的只是初步的洽谈，因此对有待解决或来不及洽谈的内容，应写上"对未尽事宜，另行协商"之类的话。

4. 落款

注明双方单位的全称以及代表的姓名，并签字盖章。标题右下方未注明日期的，要在此处写上日期。

4.2.3　范文模板

关于合资生产××××产品的会谈纪要

××××年××月××日

参加会谈人员：×××　×××　×××　×××　×××

甲方：××国××××投资公司董事长×××、总经理×××

乙方：××国××××有限公司经理×××

甲乙双方代表于××××年××月××日在××市，经过友好协商，对在××国××市兴建合资经营企业并生产××××产品感兴趣，现将双方达成的初步意见纪要如下：

一、甲乙双方愿意共同投资××××美元，在××国××省××市建立合资经营企业，生产××××产品，在××国境内外销售。

二、甲方拟以土地使用权、厂房、辅助设备和流动资金××××美元等作为投资，约占总投资额的51%；乙方拟以外汇资金、先进机器设备和技术作为投资，约占总投资额的49%。

三、甲乙双方将就经营企业生产××××产品的诸多事项进一步做好准备，提出具体方案，在××个月内寄给对方进行研究，并订于××××年××月××日甲乙双方将派代表在××市进行商谈，确定兴建合资经营企业的初步方案，为进行可行性研究做好准备。

甲方（盖章）：××国××××投资公司　乙方（盖章）：××国××××有限公司

代表（签字）：×××　　　　　　　代表（签字）：×××

4.3　成交确认书

4.3.1　含义与特点

成交确认书是指在商务活动中，货物买卖交易成立后，可由买方也可由卖方根据交易内容制作确认书。由买方制作的，称为购货确认书或订单；由卖方制作的，称为成交确认书或售货单。

在对外贸易中，买卖双方对交易意图的表达，常常通过电话、电报、信函等各种形式进行。为了避免日后发生争执，买卖双方多在接受报价或交易成交后，另以书面形式相互确认，或另签书面协议，以证明交易的内容，便于双方共同遵守。

成交确认书一般只言及交易商品的名称、品质、数量、价格、装运期及协议书中未规定的事项，这种成交确认书必须辅以协议书，这样才能成为一个完整的契约。

成交确认书也是办理进出口签证手续的重要文书，成交确认书在各国法律上有其特别效力，如发生涉外贸易纠纷，可以以此为依据，维护自己的权益。

4.3.2　格式与写法

成交确认书一般由首部、正文、落款三部分组成。

1. 首部

首部包括成交确认书的名称、编号，双方当事人的名称、地址，签约日期和签约地点等。

2. 正文

正文一般包括商品名称、规格、数量、单价、总值、装运期、装运港和目的地、付款条件、付款方式、包装、保险等条款。

成交确认书的各项条款是一个有机的整体，各项条款之间应前后呼应、相互衔接、保持一致，不应出现相互矛盾的内容，如商品名称应前后一致，不能使用不同的名称。单价、总值中的货币必须相同。应详细列明双方投保的金额、险别等内容。成交确认书各条款还要明确、完整，防止错列和漏列主要事项。文字要简练、严肃、明确，忌使用模棱两可或含混不清的词语，防止发生涉外贸易纠纷。

3．落款

注明买卖双方单位的全称以及代表的姓名，并签字盖章。

4.3.3　范文模板

××××公司成交确认书

编号：××××

签约日期：××××年××月××日

签约地点：××市

买方：××××有限公司

地址：××国××市××区××路第××号

卖方：××国××××公司××省分公司

地址：××国××省××市××路第××号

买卖双方同意根据下列条件进行交易：

商品名称：××××

规格：一级

数量：××××公斤（数量及总值均可有××%的增减，由卖方酌定。）

单价：每公斤××美元

总值：××××美元

包装：用木箱装，外封草席，每箱净重××公斤

装运期：××××年××月××日前

装运港和目的地：由××市运至××市

保险：由买方负责投保

付款条件：买方须于××××年××月××日前将保兑的、不可撤销的、可转让的和可分割的即期信用证开给卖方。信用证议付有效期延至上述

装运期后××天，在××月到期。

　　装运标记：由卖方决定

　　品质、数量、重量均以××国出入境检验检疫局或卖方所出具的证明书为最后依据。

买方（盖章）：××××有限公司 卖方（盖章）：××国××××公司××省分公司

　　代表（签字）：×××　　　　　　　　　代表（签字）：×××

4.4　补偿贸易合同

4.4.1　含义与特点

　　补偿贸易合同又称补偿贸易协议，是指不同国籍的双方当事人在贸易进行过程中就补偿贸易方式、方法、基本权利和义务等相关问题签订的协议。

4.4.2　格式与写法

　　补偿贸易合同一般由首部、正文、落款三部分组成。

　　1. 首部

　　补偿贸易合同的首部一般包括标题（标题下方通常要注明合同号）、双方当事人的名称、地址及合同的序言。

　　2. 正文

　　正文主要包括几个方面的内容：合同中名词的定义或解释、合同条件、双方的权利和义务、保证条款、赔偿条款、支付条款、不可抗力条款、仲裁条款等。正文结尾处应注明合同所使用的文字，以及哪种文字为正本，合同包括哪些文件，还有哪些附件等。

　　3. 落款

　　落款处应注明签约双方单位的名称及代表的姓名，并签字盖章，最后注明签约日期。

　　在具体的操作过程中，必须注意这几点：首先，合同条款必须具体、明确，用词必须准确、简洁。其次，如果涉及一些名词或概念，对其的解释说明一定要准确，避免歧义。最后，要正确使用标点符号，书写要工整、清晰，避免涂改，不得随意更改合同内容。

4.4.3　范文模板

××××补偿贸易合同

合同号：××××

本合同在××××协议的基础上签订，××国××××公司（以下简称买方）向××国××××公司（以下简称卖方）购进××××设备，其交易条件如下：

一、商品名称：××××。

二、数量：卖方供货的具体内容，详见合同附件1。

三、规格：卖方提供设备质量、规格，有关技术资料，技术保证，图纸，详见合同附件2。

四、交货后的服务：……

五、卖方对买方派遣来的技术人员进行培训，……

六、价格：……

七、包装：根据商品的特点及运输方式由卖方确定适当的包装，唛头也由卖方自行设计。……

八、保险：由买方负责投保。

九、装运日期：××××年××月至××××年××月。

十、装运港：××××。

十一、目的港：××××。

十二、支付条件：本合同项下的支付，买方通过××国银行××××分行在设备装运××天前，开立以××国××××公司为受益人的不可撤销的××××元即期信用证。

十三、单据：货物装船离港后卖方应向议付银行提供下列单据议付货款。

…………

十四、装运：⋯⋯

⋯⋯⋯⋯⋯

十五、检验：⋯⋯

⋯⋯⋯⋯⋯

十六、保证、赔偿与处罚：⋯⋯

⋯⋯⋯⋯⋯

十七、不可抗力：⋯⋯

十八、解除合同：⋯⋯

十九、仲裁：⋯⋯

二十、效力：⋯⋯

附件1：××××
附件2：××××

买方（盖章）：××国××××公司　　　　　卖方（盖章）：××国××××公司

代表（签字）：×××　　　　　　　　　　　代表（签字）：×××

××××年××月××日　　　　　　　　　　××××年××月××日

4.5　外贸备忘录

4.5.1　含义与特点

备忘录是指任何一种能够帮助记忆，简单说明主题与相关事件的图片、文字或语音资料。外贸备忘录，即与外贸业务有关的记录，确切地说，它有两层含义：一是指在外贸业务磋商过程中，参加洽谈的双方人员各自为了随时检查，避免忘记，将洽谈中的问题及对此问题的某些观点、见解做的摘要式记录，以提醒自己要注意什么，从而便于洽谈的顺利进行；二是指在外贸业务洽谈时，经过双方初步的洽询、讨论后形成的文件，其中记载了双方已经达成的意见与承诺，从而便于界定双方的责任，为双方今后的交易或合作提供依据。

通常，外贸备忘录不具有法律效力。当然，在有些国家也有特例。

4.5.2　格式与写法

外贸备忘录一般由首部、正文、落款三部分组成。

1．首部

首部由标题和开头部分组成。开头部分包括发文者名称、地址，发文日期，受文者名称、地址，以及相关的事由。

2．正文

正文部分主要记录相关的洽谈内容，可以分条陈述，也可以概括性地表述。

3．落款

注明洽谈双方公司的名称和代表的姓名，并签字盖章。

4.5.3　范文模板

××××贸易备忘录

××××年××月××日

受文者：××××

地址：××××

发文者：××××

地址：××××

发文日期：××××年××月××日

事由（主题）：××××

　　××国××××公司（以下简称甲方）与××国××××公司（以下简称乙方）的代表，于××××年××月××日在××国××市就兴办合资项目进行深入交流，双方交换了意见，达成了谅解，双方共同承诺：

　　一、依据双方的交谈，乙方同意就合资经营××××项目进行投资，投资金额大约××××美元，投资方式待进一步磋商。甲方……

　　二、关于利润的分配原则，乙方认为自己既有资金投资，又有技术投资，应该占60%～70%，甲方则认为应该按投资比例分成，双方没有取得一致意见。但乙方代表表示……

三、合资项目生产的××××产品，乙方承诺在国际市场年销售量为生产量的45%，甲方希望乙方能提高销售额，达到生产量的70%，其余的在××国国内市场销售。

四、工厂的规模、合营年限以及其他有关事项，均未详细地加以讨论，双方都认为待第二个事项向各自的上级汇报确定后，再商议其他问题。

五、这次洽谈虽未能解决主要问题，但双方都表达了合作的愿望。双方期望在今后的两个月内再行接触，以便进一步商洽合作事宜，具体时间待双方磋商后再定。

甲方（盖章）：××国××××公司　　乙方（盖章）：××国××××公司
　　代表（签字）：×××　　　　　　　　代表（签字）：×××

4.6　涉外经济贸易合同

4.6.1　含义与特点

涉外经济贸易合同，又称国际货物销售合同。它是指营业地在不同国家境内的当事人之间，由卖方或售方（出口方）提供出口货物、收取货款，买方或购方（进口方）接收货物、支付货款的协议。

涉外经济贸易合同主要有以下三个特征：

一是合同当事人处于不同的国家。

二是合同标的物必须是跨越国境运送的进出口货物。

三是双方的基本权利与义务是交付、接收货物和收取、支付货款。

4.6.2　格式与写法

涉外经济贸易合同一般由首部、正文、落款三部分组成。

1. 首部

涉外经济贸易合同的首部一般包括合同名称、合同编号、签约日期与地点、合同双方的全称、法定地址及合同序言。

2．正文

正文主要是指合同的实质性条款，即规定双方当事人的权利与义务的条款。实质性条款一般包括标的物条款（商品条款）、价格条款、装运条款、保险条款、支付条款、商检条款、索赔条款、免责条款、仲裁条款等。合同正文的结尾主要包括合同所使用的文字、正本份数、附件、效力。

3．落款

注明合同签订双方单位的名称及代表的姓名，并签字盖章。

双方当事人在签约时，除了要遵循《中华人民共和国合同法》规定的基本原则和订立合同的一般规则，还要特别注意以下几个问题：

一是签约主体必须合法。订立合同的我方当事人必须是享有对外经济合作经营资格的对外贸易经营者（法人或者其他组织），没有对外经济合作经营资格的单位或个人，应当委托对外贸易经营者对外签订合同，代办有关贸易事宜。

二是尊重国家的主权。这一原则既贯彻于国际政治关系中，也贯彻于国际经济关系中。涉外经济贸易合同的当事人在订立合同过程中必须维护国家的主权，不得订立任何有损我国国家主权的涉外合同。

三是遵守有关国际交往方面的法律规定。双方当事人在签订合同时，除了要遵守我国的相关法律，还要遵守其他国家或者地区的相关法律和国际条约。

4.6.3　范文模板

××××贸易合同

合同编号：××××

签约日期：××××年××月××日

签约地点：××××

甲方：××国××××公司

法定地址：××××

乙方：××国××××公司

法定地址：××××

甲乙双方在平等互利基础上经友好协商，特订立本合同，共同遵守。

第一条 补偿贸易内容

…………

第二条 补偿方法

…………

第三条 补偿商品

…………

第四条 偿还方式

…………

第五条 偿还期限

…………

第六条 补偿商品作价

…………

第七条 双方的利息计算

…………

第八条 技术服务

…………

第九条 附加设备

…………

第十条 保险

…………

第十一条 税收与费用

…………

第十二条 违约责任

…………

第十三条 履约保证

…………

第十四条 合同的变更

…………

本合同用××文、××文两种文字书写，一式两份，双方各持一份。

甲方（盖章）：××国××××公司　乙方（盖章）：××国××××公司

代表（签字）：×××　　　　　　　代表（签字）：×××

4.7　国际货物买卖合同

4.7.1　含义与特点

货物买卖合同分为国内货物买卖合同和国际货物买卖合同两大类。涉外合同，是指合同的当事人、合同的客体或者产生、变更、终止合同关系的法律事实中任何一个具有涉外因素的合同。在涉外合同中，国际货物买卖合同是较为常见的一种。

国际货物买卖合同，是指营业地处于我国境内的中方当事人与营业地处于中国境外的外方当事人之间就一方出口货物、收取货款，另一方进口货物、支付货款而达成的协议。

国际货物买卖合同必须采用书面形式，常见的合同形式有三种：

第一种形式是正式合同。这种形式的合同一般内容较全面、完备，主要适用于大宗或成交额较大的商品。

第二种形式是成交确认书。这种形式的合同适用于商品成交额不大或已有代理、包销等长期协议的合同。

第三种形式是通过电报、电传、信件的形式成交的合同。

4.7.2　格式与写法

国际货物买卖合同一般由首部、正文、落款三部分组成。

1. 首部

国际货物买卖合同的首部包括合同名称、合同编号、签约地点、合同双方的全称等。

2．正文

国际货物买卖合同的正文为反映双方权利和义务关系的实质性条款，包括商品条款、价格条款、装运条款、支付条款、免责条款和仲裁条款等。

3．落款

落款处需要写明双方单位的全称及代表的姓名，并签字盖章，同时写明签约日期。

4.7.3　范文模板

××××买卖合同

合同编号：××××

××××为买方和××××为卖方。双方同意买卖××××产品，于××××达成如下条款：

1．合同货物：××××

2．产地：××××

3．数量：××××

4．商标：××××

5．合同价格：××××

6．包装：××××

7．付款条件：签订合同后买方于××个工作日内开出以卖方为受益人的、经确认的、不可撤销的、可分割的、可转让的、不得分批装运的、无追索权的信用证。

8．装船：从卖方收到买方信用证日期算起，××天内予以装船。若买方所订船舶未按时到达装货，按本合同规定，卖方有权向买方索赔损毁/耽搁费，按总金额的××%计算。因此，买方需要向卖方提供银行保证。

9．保证金：卖方收到买方信用证的××个工作日内，向买方寄出××%的保证金或银行保函。若卖方不执行合同，其保证金买方予以没收。

10．应附的单据（卖方向买方提供）：

（1）全套清洁提货单

（2）一式四份经签字的商业发票

（3）原产地证明书

（4）装箱单

（5）其他所需的单据

11．装船通知：卖方在规定的装货时间，至少提前××天以电报的方式将装船条件告知买方。买方或其代理人将装货船预计到达装货港的时间告知卖方。

12．其他条款：质量、数量和重量的检验可于装货港一次进行。若要求提供所需的其他证件，其手续费、领事签证费应由买方负担。

13．装船时间：当日××××装船。

14．装货效率：每一个晴天工作日，每舱口进货××××吨。

15．不可抗力：签约双方的任何一方当由于台风、地震和双方同意的不可抗力事故而影响合同执行时，延迟履行合同的期限应相当于事故所影响的时间。

买方（盖章）：××××　　　　卖方（盖章）：××××

　代表（签字）：×××　　　　　代表（签字）：×××

××××年××月××日　　　　××××年××月××日

4.8　外贸仲裁申请书

4.8.1　含义与特点

外贸仲裁申请书是指申请仲裁的书面文件。在外贸仲裁中，依照仲裁程序规定，不但争议的双方要有共同表示同意将争议的问题提交仲裁庭裁决的协议，而且必须有一方向仲裁庭递交仲裁申请书。

4.8.2　格式与写法

外贸仲裁申请书一般由标题、正文、落款三部分组成。

1. 标题

标题通常直接写"仲裁申请书"，无须添加其他内容。

2. 正文

这部分是仲裁申请书的重点。正文一般包括称谓、开头、中间、结尾四个部分。

（1）称谓。称谓要顶格写，申请书的称谓一定要准确，如"中国国际经济贸易仲裁委员会"。

（2）开头。简明扼要地介绍争议的起因、双方的态度以及协商的过程与结果。语言要简练，对问题和事实的描述要清晰、准确。

（3）中间。这一部分要详细地介绍申诉人、被诉人的名称、地址，叙述引起争议的具体事实、案情经过，并对所提供的相关附件进行说明等。

（4）结尾。这一部分应提出自己的要求。

3. 落款

申诉人签字，同时注明申请日期。

需要注意的是，在撰写仲裁申请书时，态度一定要严肃，要如实描述双方争议的问题、原因等，并详细说明引起争议的整个过程。如果有非常重要的情节或特殊要求，最好附声明书进行声明。

4.8.3　范文模板

仲裁申请书

××××仲裁委员会：

　　××××公司和我公司之间由于该公司未履行合同义务而产生了争议，我公司曾经试图对这一争议寻求和解，但由于该公司不理睬我们的建议，也不作出合理的让步，因而无法找到解决的办法。我们已经就全部问题同××国驻××××处的代表进行了讨论，他们介绍我们向你们提出仲裁。

　　我们现在申请仲裁委员会仲裁，以便能通过仲裁解决争议。在本申请书中，我们详细说明如下：

　　申诉人：××国××××公司

　　地　址：××国××市××××大厦

被诉人：××国××××公司

地　　址：××国××市××××大厦

索赔××××美元，另加仲裁费用。索赔系由于被诉人未履行××××年××月××日签订的第××号合同所规定的××××吨××××在××、××月装运至××××的义务而引起的。

随本申请书附上有关这一争议的全部文件两套，文件清单附后。

另附关于争议事实和索赔基础的申诉书。

仲裁员，现附上我们的声明，授权仲裁委员会主席代为指定仲裁员。

仲裁手续费，现附上一张汇票计××××元，相当于争议金额的××%，作为仲裁手续费的预付金。

如果被诉人不在程序规定的时间内指定仲裁员，我们要求仲裁委员会主席代他们指定仲裁员。

请将你会确定开庭审理的日期通知我们，一旦作出裁决，请立即送给我们。

附件：（略）

申诉人：××国××××公司

代表（签字）：×××

××××年××月××日

4.9　外贸仲裁协议

4.9.1　含义与特点

仲裁协议指的是双方当事人自愿将他们之间已经发生或者可能发生的有争议的事项提交仲裁机构进行裁决的书面协议。

外贸仲裁协议就是关于对外贸易的涉外仲裁协议，它是涉外仲裁机构受理争议案件的前提条件。

外贸仲裁协议的主要内容包括以下5个方面：

（1）仲裁地点

仲裁地点是指在哪个国家的仲裁机构进行仲裁。由于在哪个国家仲裁，就会用到哪个国家的仲裁法律，所以通常情况下双方当事人都力争在本国仲裁。若无法在本国仲裁，则争取在熟悉的第三国进行仲裁。也有的事先在合同里规定要在被告所在国进行仲裁。

（2）仲裁机构

在选择仲裁机构时应首选常设的仲裁机构，因为常设的仲裁机构相对稳定，在仲裁程序上能给予许多方便。还有一种仲裁机构是由双方当事人指定仲裁员临时组建的临时仲裁庭。当处理完争议后，这种仲裁机构便自动解散。

（3）仲裁程序

仲裁程序主要是指仲裁的手续、步骤和做法，包括如何提出仲裁申请、如何答辩、仲裁员的指定，以及审理流程和裁决等。

（4）裁决效力

通常仲裁机构的裁决是终局性的。也就是说，裁决后，任何一方当事人不得向法院起诉要求变更。这样在一定程度上能防止当事人拒不执行或拖延执行裁决。

（5）费用负担

仲裁的费用通常由败诉一方承担。也有的规定由仲裁庭酌情决定。

4.9.2　格式与写法

外贸仲裁协议一般由标题、正文和落款三部分组成。

1. 标题

标题要醒目、简练、准确。通常有三种构成方式：第一种只有文种，即只有"仲裁协议"四个字；第二种由内容和文种构成，如"箱包材料造假仲裁协议"；第三种由争议者和文种构成，如"××××贸易有限公司与××××贸易公司仲裁协议"，其中"××××贸易有限公司与××××贸易公司"是争议者，"仲裁协议"是文种。

2. 正文

正文是仲裁协议的主体部分，是仲裁机构进行仲裁的主要依据，因此一定要把争议的原委写清楚。

正文由开头、中间、结尾三部分组成。开头部分写明争议双方所争议的事项和问题；中间部分写明争议双方各自的意见和建议；结尾部分写明争议双方的共同要求，以及仲裁的规则、仲裁的效力和协议的份数等。

3. 落款

在这一部分，争议双方要各自签上自己的名字并盖章，同时注明日期。

在撰写外贸仲裁协议时，一定要将争议双方所争议的事项和问题写清楚，并分别说明各自的意见和建议。语言要规范，表述要清楚、完整，要如实反映客观事实。

4.9.3　范文模板

××国进出口贸易总公司与××国××××公司仲裁协议

××国进出口贸易总公司（以下简称甲方）委托××国××××公司（以下简称乙方）在××地区代销××××，甲乙双方于××××年××月××日签订了正式的委托代销合同。这份合同第三条款中有这样的约定："乙方代销期限为××××年××月××日至××××年××月××日，为期一年。"合同第五条款中规定："在合同有效期内，乙方为甲方代销a、b、c三种规格的××××。"乙方按照约定代销甲方提供的a、b、c三种规格的××××。代销三个月后，因b、c两种规格的××××市场表现不佳，乙方致电甲方，要求将b、c两种规格的××××改换为a种规格的××××。甲方同意了乙方的要求，但是甲方提出，乙方要承担b、c两种规格××××的往返运输费用。乙方没有同意甲方的这个要求，双方没有达成一致意见，因此双方表示要将此案件提交××国贸易仲裁委员会裁决，并商定下列条款，为双方共同遵守。

一、此裁决遵照《××国对外贸易法》有关规定进行。

二、案件的裁决是终局性的，甲乙双方无条件共同遵守。

三、败诉一方承担此案的仲裁手续费。

本协议一式四份，甲乙双方各执两份。

甲方（盖章）：××国进出口贸易总公司　　乙方（盖章）：××国××××公司
　　代表（签字）：×××　　　　　　　　　　　代表（签字）：×××
　　××××年××月××日　　　　　　　　　××××年××月××日

4.10　外贸调解书

4.10.1　含义与特点

调解，又称调停，可分为调解机构调解、仲裁机构调解、法院调解等。在对外贸易过程中，当买卖双方发生争执或纠纷时，可以向中国国际经济贸易仲裁委员会，也可以向对方国家解决类似纠纷的机构提出调解申请，仲裁机构或国外相关机构可进行调解，以处理双方的分歧，解决争议。这种贸易纠纷的处理方式被称为外贸调解，是一种比较好的处理双方争议的方式。外贸调解书，即在调解活动过程中所形成的书面文件。

外贸调解书有如下三个特点：

一是调解书具有法律效力。

二是调解书体现了调解双方的意愿。

三是调解书可以避免许多程序方面的问题，能高效解决纠纷。

4.10.2　格式与写法

外贸调解书一般由标题、发文号、正文、落款四部分组成。

1. 标题

外贸调解书的标题一般由发文机关和文种构成，如"中国国际经济贸易仲裁委员会调解书"。

2. 发文号

发文号由年号、机关代号和文号组成，如"（90）外调字第130号"，其中"90"为年号，"外调字"为机关代号，"130"为文号。

3. 正文

正文是外贸调解书的主体部分,分为开头、中间、结尾三部分。

开头部分明确而具体地叙述引起争议的问题,受理案件的依据是什么,于何时何地进行调解。中间部分说明调解者的态度和意见,争议双方对此是否一致赞同。结尾部分写明调解的结果,即实施调解的具体办法和措施。

4. 落款

在调解书的落款处,需要由调解员签字,并加盖调解机构的公章,同时写明发文日期。

4.10.3　范文模板

中国国际经济贸易仲裁委员会调解书

(××) 外调字第××号

××国××××公司(买方)与××国××××公司(卖方)之间发生的有关××××合同争议案,我会根据买卖双方的申请,组织调解人员进行调解,于××××年××月××日至××月××日在××××调解结案。

现将案情、责任和调解结果做如下陈述:

××国××××公司(买方)与××国××××公司(卖方)于××××年××月××日在××××签订第××号合同,该合同第××条规定:"××国××××公司(买方)将货款(全部)汇到××国××××公司(卖方)开户行之后的第××日,卖方即将货物全部运往××××。"但卖方未能在限期内履行合同。××××年××月××日卖方致电买方要求延长运货期(××天),以便妥善将货物包装运输,买方拒绝该要求。结果买方以卖方超过运货期××天为据,要求卖方赔款××××美元,卖方认为该赔款额不合理,因此双方未能达成协议。买方于××××年××月××日向我会提出申请,要求卖方按其要求如数赔款,以补偿由于其未按期送货所造成的损失。

仲裁庭详审了双方当事人提供的材料和证据,并进行了调查,认为:卖方未能按期将货物运往指定地点(超期××天)确为事实,应对买方承担因此而造成的损失。但是,第××号合同第××条未写明延误送货期应赔款多少的具体数字，未尽事项中也没有补充说明该条款的执行办法。

我会认为：

一、卖方应承担未能按期送货的责任，但因合同中未确定误期赔款的具体数字，双方应本着平等互利、友好协商的态度协商解决。

二、双方在协商解决赔款时，应进一步共同修改、补充合同中未尽事项，以便于履行。

××国××××公司与××国××××公司当事人一致赞同我会的调解意见，并表示本着友好相处的态度协商解决上述问题。

此为终局调解。

中国国际经济贸易仲裁委员会（盖章）

仲裁庭首席调解员（签字）

××××年××月××日

4.11　外贸仲裁申诉书

4.11.1　含义与特点

外贸仲裁申诉书是指在外贸仲裁活动过程中提出申诉要求的书面文件。外贸仲裁申诉书对于仲裁庭能否立案，并作出何种裁决至关重要。

4.11.2　格式与写法

外贸仲裁申诉书一般由标题、正文、落款三部分组成。

1. 标题

标题可以直接写"申诉书"，也可以写"仲裁申诉书"。

2. 正文

正文要分层次来讲，逻辑要清晰。具体来说，正文可分为开头、中间和结尾三部分。

开头部分简单明了地介绍申诉人与被诉人之间所发生的争议状况，以及被诉人违背了什么条款。

中间部分紧接着上文，详细叙述被诉人违约的具体事实。这部分是申诉书的主体，要突出重点，将所涉及的时间、地点表述准确。

结尾部分在事实的基础上进行有理有据的申辩。在引用说明理由的材料时一定要慎重，要保证材料准确无误。

3. 落款

申诉人签字，并注明呈诉日期。

4.11.3　范文模板

仲裁申诉书

本案系××国××××公司（申诉人）与××国××××公司（被诉人）之间关于第××合同项下××××吨××××未装运的争议，该货应当在××××年××月至××月从××国装船，并根据第××号信用证的规定运往××××。

××月××日被诉人电告申诉人，他们不能按时装运，并要求延长信用证有效期。经协商，申诉人于××月××日电告被诉人，提出延长信用证的具体建议，这一建议被被诉人全盘拒绝，以后许多建议也同样被拒绝了。

根据国际惯例，在国际贸易中由于延迟装运，卖方有时候有必要要求买方延长信用证有效期。针对这一情况，卖方有必要为这一迟延而给予对方一定的补偿。

从市场情况看，申诉人有权要求补偿，并向被诉人提出了合理的建议。被诉人拒绝了所有的建议。为了对这一事情试图寻求一个解决的办法，申诉人曾与××国驻××国××××处的代表联系请求协助，尽管该处的代表做了努力，但被诉人仍然未能提出他们的建议。

申诉人曾一再设法解决此事，这一点可以从双方往来的函电中看出来。但被诉人没有答复申诉人的任何建议，所以申诉人申请××××仲裁委员会通过仲裁对此事作出决定。

申诉人索赔原合同价格和因被诉人没有履行合同而需要从市场补进这些货物的成本之间的差价。申诉人索赔的基础如下：

············

此外，申诉人希望仲裁委员会裁决由败诉方承担仲裁手续费。

申诉人：××国××××公司

代表（签字）：×××

××××年××月××日

第5章
涉外企业类文书

　　涉外企业，指的是在对外经济交往中，与国外公司、企业、其他经济组织或个人有经济联系的国内企业。涉外企业类文书，即该类企业在与国内外其他企业的经贸往来中所用到的文书。

　　在我国，涉外企业主要有三类：一是中外合资经营企业（简称合资企业），即由外国的公司、企业或其他经济组织或个人，按照平等互利的原则，经我国政府批准，在我国境内，同一个或几个中国的公司、企业或其他经济组织共同创办、依法设立的有限责任公司；二是中外合作经营企业（简称合作企业），即由中外双方依法用书面合同规定合作条件，确定双方权利和义务，经我国政府批准的在中国境内设立的有限责任公司；三是外资企业，即在中国境内设立登记的全部资本由外国投资者投资组建的有限责任公司，不包括外国公司及其在中国境内设立的分支机构，其主要特征是公司的所有权与经营管理权全部归属于外商。

5.1　涉外企业广告

5.1.1　含义与特点

　　涉外企业广告是一种通过某种宣传媒介介绍和宣传某涉外企业情况的信息载体。

　　不同的涉外企业，在撰写企业广告时，一定要把企业的性质讲清楚，另外，撰写的侧重点也应有所不同。

5.1.2 格式与写法

涉外企业广告一般由标题、正文、落款三部分组成。

1. 标题

涉外企业广告的标题主要有三种写法：一是企业名称标题法，即企业名称就是广告的标题，如"中国××××进出口公司""××市××××设计制造公司"；二是新闻标题法，即标题由主标题和副标题构成，如"××××岸边的明珠——××市××××公司"；三是文章标题法，这种标题的写法与一般文章标题的写法一样，如"天时不如人和，五十而知天命"。

2. 正文

正文通常由开头、主体和结语三部分组成。

开头部分主要包括企业名称、成立日期、企业性质等。有时也可以用一句引人注目的话开头，如"黄河滩头千年睡，日照东岸巨港出"。

主体部分包括该企业的经济实力、技术力量、信誉度等情况。

结语部分可以写"欢迎合作"或"欢迎前来洽谈业务"，也可以写向国内外用户致意等内容。

3. 落款

注明企业名称、地址、电话等有关信息。

有的企业广告，其正文不分段落，一气呵成，但其内在层次是清晰的。

总之，在宣传企业时，不要过度谈产品，而要突出企业自身的特点，重点介绍企业的信誉度、知名度、经济实力和技术力量等情况，从而获得国内外用户的信赖。当然，在宣传企业时要实事求是，不要夸大宣传。

5.1.3 范文模板

范文模板一：

××××岸边的明珠

——××市××××公司

朋友，欢迎您到××市来！

　　××市地处××××，以"××××"而得名，随着……是一座新兴的港口城市、崛起的商贸中心。

　　××市××××公司是为发挥沿海商贸的地区优势而组建的……××市××××公司已成××××地区最大的商品集散中心之一。

　　…………

　　××市××××公司诚挚欢迎各界同仁，海内外的新老朋友，密切往来，友好合作，际会如期。

××市××××公司

地址：××市××路××号

电话：××××

范文模板二：

××××制造公司

　　本公司是××××年经××市政府批准成立，由××市机械工业公司与××××重型机器厂联合经营的××××制造公司。本公司联营双方实力雄厚，××市机械工业公司以生产经营××××为主，现有成员企业××家。××××重型机器厂是××××地区有名的大型机械制造企业，拥有××××的力量，现有职工××××人，其中各类专业技术人员××××人，年产值超××××元，产品销往英国、东南亚、澳大利亚等××个国家和地区。

　　本公司拥有……信誉至上，质量第一，价格合理，交货迅速，热诚为国内外客户服务。

　　本公司经营范围：

　　1. ……

　　2. ……

　　3. ……

　　4. ……

　　5. ……

　　6. ……

本公司竭诚欢迎国内外客户来人来函洽谈合作，本公司可按客户要求，派出工程技术人员提供现场施工服务。

××××制造公司

地址：××市××路××××大厦东座××室

电话：××××

5.2　涉外经贸会议广告

5.2.1　含义与特点

涉外经贸会议广告是涉外广告的一种，它通过广告的形式，公开宣传某个即将召开的涉外经贸会议的相关情况，从而吸引国内外客户、投资者参加会议，以便达到成交的目的。

涉外经贸会议广告是一种新兴的广告文体，目前在国内外较为流行。一些涉外经贸会议，比如中国每年在广州召开的春季和秋季进出口商品交易会，就是很好的国际经济贸易交流的形式。而宣传这种涉外经贸会议的广告，对于吸引、招徕国内外客户、投资者等起着十分重要的作用。

5.2.2　格式与写法

涉外经贸会议广告一般由标题、正文和落款三部分组成。

1. 标题

涉外经贸会议广告的标题多采用公文标题法，即由会议主办单位名称、会议内容和会议类型构成，如"××市××××贸易公司、××××贸易公司联合举办××××高级食品展销会"；有一些由会议主办单位名称、会议内容、会议地点和会议类型构成；还有一些由会议主办单位名称、年份和会议类型构成，如"××市××××公司××××年春季联谊交易会"。

2. 正文

正文部分包括会议名称、性质、内容、时间、地点，以及参会人员和有关情况介绍。有关情况介绍，可以根据会议的性质介绍企业及其产品等。

3. 落款

落款处注明会议主办单位的名称、地址、电话等。若标题中已有会议主办单位名称，此处可以省略。

5.2.3　范文模板

××市××××公司××××年春季联谊交易会

会议时间：××月××日至××日

报到时间：××月××日（在××××火车站、××××国际机场全天有接站车）

会议地点：××××宾馆

××××公司为具有××年发展历史的大型企业，代表中国××××的水平，已成为世界××××中强有力的竞争者。它以多样的品种、可靠的质量、先进的性能和优良的服务，赢得了国内外客户的高度信赖和青睐！

它拥有每年向国内外客户推出7~8个新产品的技术实力，已有18种产品获国家、部、省、市优质奖。产品远销世界30个国家和地区，并获得国际"亚洲杯"奖。……

××××公司的主要产品有：

…………

公司地址：××××

电话：××××

联系人：×××

5.3   中外合资立项意向书

5.3.1   含义与特点

中外合资立项意向书，是指在对外经济技术合作中，两国政府或企业法人在经过初步洽谈后，均表示对兴办中外合资企业有兴趣，进而签订的意向性立项文书。这种意向书是合资双方表示有意对合资项目进行进一步商谈的书面文件，一般在双方初步接触后，进入实质性谈判时签订。

中外合资立项意向书有三个特点：

一是意向性。它表达的是双方原则性的意向，并非具体的目标与实施方法。这一点与协议不同。

二是协商性。它是双方共同协商的产物，也是接下来双方继续协商的基础。双方在签订立项意向书之后，仍然可以协商修改其中的内容。它只是谈判的初步成果，是为今后的谈判做铺垫的。

三是信誉性。它是建立在商业信誉之上的，对双方有一定的约束力，但不具有法律效力。这与协议的强制性是不同的。

5.3.2   格式与写法

中外合资立项意向书一般由标题、导语、正文、落款四部分组成。

1. 标题

立项意向书的标题分为三种形式：一是简明性标题，这种标题通常由合资项目名称和文种构成，如"关于合资生产××××的意向书"；二是省略性标题，即仅在标题位置写上"立项意向书"5个字即可；三是完全性标题，这种标题一般由合资企业名称、合资项目名称和文种构成，如"中国××××公司和美国××××公司合资建立××××厂意向书"。

2. 导语

首先，写明签订立项意向书的单位名称；其次，写明签订立项意向书的指导思想和政策依据；再次，写明本立项意向书需要实现的总体目标；最后，用承上启下的惯用语结束导语部分，并开始撰写正文，如"双方经过友好协商达成如下意向"或"兹签订意向书如下"等。

3. 正文

立项意向书的正文可以理解为是总体目标的具体化，通常以分条列项的形式表现。各条款之间的界限要清楚，内容要相对完整，既不要交叉重复，也不要过于琐碎，更不能有疏漏。

4. 落款

落款处要有双方谈判代表的签字、立项意向书的签订日期。

在签订立项意向书时，需要注意三个方面：一要做到重点突出，即突出这种涉外文书的特点和要点，详略得当，不要让次要或无关的内容占太大篇幅；二要做到用语准确，即立项意向书的内容是接下来签订正式协议、确定双方权利与义务的基础，所以它的内容应该真实可靠，措辞要准确，尽量避免产生误解；三要体现足够的诚意，并为接下来的谈判留有余地。

5.3.3　范文模板

关于合资生产××××的意向书

××××年××月××日至××月××日，××国××××公司总经理×××，与××国××××厂总经理×××就双方共同合作开发生产××××等事宜，进行了多次的接触和洽谈。在此之前，双方在××××年××月××日至××月××日，已进行过初步的接触和洽谈，并达成如下意向：

1. 由××国××××公司提供……

2. 合资经营××××产品的生产，年产量初步定为……

3. ××××产品的生产技术、设备由××方提供。

4. 双方的投资比例初步定为：××国××××公司为55%，××国××××厂为45%，利润按投资比例分配。

5. 双方准备在××××年××月××日前准备好各自的可行性研究报告和有关资料……

6. 本意向书由××两种文字写成，一式两份，双方各执一份。于适当时候，双方再进一步商讨，以求可行性研究报告的正式完成。

××国××××公司　　　　　　××国××××厂

总经理（签字）：×××　　　　总经理（签字）：×××

××××年××月××日　　　　××××年××月××日

5.4　涉外商务会谈纪要

5.4.1　含义与特点

涉外商务会谈纪要是记载会谈指导思想、会谈目的、会谈主要议程、会谈内容和会谈结果的记录性文件。

会谈纪要是在会谈记录的基础上形成的，集中反映了会谈的基本精神和议题、结果，是下一步签订合同或协议的依据。有些会谈纪要经过会谈双方签字确认后，还可以作为意向书出现，从而起到参考作用。

会谈纪要的作用体现在三个方面：

一、它是汇报工作的依据。会谈结束后，与会代表均要向领导汇报会谈的情况和会谈的结果，而会谈纪要便是向领导汇报工作的依据。

二、它是签订合同或协议的依据。有些合同或协议是要经过多次会谈、反复磋商才能正式签订的。所以，会谈纪要就成了签订正式合同或协议的重要依据。

三、它对双方具有约束力。会谈纪要经双方签字确认后，对双方都有一定的约束力，但它不像合同或协议那样具有法律效力。

5.4.2　格式与写法

涉外商务会谈纪要一般由标题、正文、落款三部分组成。

1. 标题

会谈纪要的标题通常由会谈内容和文种构成，如"关于××××的会谈纪要"。另外，要在标题正下方写上会谈日期。

2．正文

正文包括前言和主体两个部分。

前言部分写明会谈双方的全称及简称，有时为了行文方便，可在全称后面加上括号，注明"以下简称甲方""以下简称乙方"，然后简要说明会谈的时间、地点，以及与会人员及会谈的事项，如："中国××××公司（以下简称甲方）与××国××××公司（以下简称乙方）就××××问题于××××年××月××日在××××（地点）进行友好会谈，现将会谈达成的一致意见，纪要如下。"

主体部分也是会谈纪要的主要内容，应分条列明双方会谈协定的具体事项。

3．落款

落款处要写明双方单位的全称，并且由代表签字。

在撰写会谈纪要时，要注意三点：

一是文字要忠实于会谈纪录。尤其是对于会谈中谈及的贸易方式、坚守原则、事项内容、具体步骤等需要双方共同遵守或执行的内容，必须用准确的文字表述出来，不能随意加上撰写者的主观意愿或要求。

二是要逻辑清楚，重点突出。在撰写涉外商务会谈纪要时，不必按发言人的先后顺序来写，可以对会谈内容分项进行整理。

三是语言要简洁。从诸多的会谈内容中整理出主要的或重要的事项，语言力求简洁、明确，不能有任何歧义。

5.4.3　范文模板

关于合资筹建××××厂的会谈纪要

××××年××月××日

　　××国××××公司（以下简称甲方）与××国××××公司（以下简称乙方）就双方合资筹建××××厂的问题于××××年××月××日在××市进行会谈，经过双方友好的会谈，双方就合资筹建××××厂的有关事宜取得了一致意见。现将会谈达成的一致意见，纪要如下。

　　一、甲乙双方为了发展××国的××××，同意共同投资××××美元在××国××省××市的市郊合资筹建一个中型的××××厂。

　　二、甲方以土地、厂房、辅助设备和流动资金共××××美元作为投资，约占总投资的51%。乙方以资金、先进机器设备和技术作为投资，约占总投资的49%。

　　三、关于利润的分配原则，乙方认为他们的投入既有资金和设备，又有技术，应该占68%，甲方则认为应该按投资比例分配，最后双方决定另定时间再进行协商确定。

　　四、××国与××国合资创办的××××厂，名称暂定为"××××厂"，工厂设正副厂长各一人，正厂长由甲方委派，副厂长由乙方委派，工厂配备有关的工作人员3～5人，工资标准另定。

　　五、有关未尽事宜，另行约期协商解决。

甲方：××国××××公司　　　　　乙方：××国××××公司
　　代表：×××　　　　　　　　　　　代表：×××

5.5　中外合资项目建议书

5.5.1　含义与特点

　　中外合资项目建议书是中外合资企业在报请审批过程中，中方企业向企业主管部门单独使用的一种涉外文书。这种项目建议书经中方企业主管部门及所在地的省、市政府有关部门审批同意后，方可由中方企业正式与外国投资者进行谈判，商谈合资项目的具体实质性内容。

　　为什么要拟定中外合资项目建议书呢？因为这种项目建议书具有很重要的作用，其主要作用有三个：

　　一是作为立项报批的依据。项目建议书通常是在方针、政策允许的范围内，根据国家和地方政府一定时期内制定的长远计划和行业计划，结合市场、资源和建设布局，经过调查研究，由中方企业提出的设立合资项目的初步构想，它是项目审批机关予以批准立项的前提条件。

　　二是作为今后工作的依据。只有项目建议书获得批准，双方才能共同编制可行性研究报告，才能继而签订协议或合同。所以，中外合资项目建议书的批复是下一阶段工作的开始。

三是提供经济技术交流与合作的平台。项目建议书是我国具有法人资格的各级政府、企事业单位、个人等在与国外政府、企业、法人进行经济技术交流与合作时所使用的文书。编制该文书可以使项目申报单位获得该项目可行性的有关资料，而项目审批机关也根据国家、地方及行业的规划，对该项目建议书进行评议、审核。

撰写中外合资项目建议书的目的是使企业主管部门批准企业立项，所以它不但要充分反映立项的必要性和可行性，而且要对拟建项目做精要、准确的概括。

5.5.2　格式与写法

中外合资项目建议书通常由标题、正文、落款三部分组成。

1. 标题

标题主要由三部分组成：一是中外合资项目参与的中方企业名称；二是准备筹建的合资企业名称；三是文种。

2. 正文

项目建议书的正文是它的核心内容，因此应从以下几个方面进行阐述：

一是项目名称、主办单位及负责人。

二是参与的外方企业名称、国别、资信情况、规模、信誉、技术水平、销售市场等。

三是筹建合资项目的理由，以及技术、产品、产量、质量、开发新产品等方面的目标。

四是项目的主要内容，包括：生产和经营规模；合资经营年限、合资企业地址和建筑面积；员工人数；投资各方出资比例、技术方式和资金来源；产品、销售市场及销售渠道；燃料、动力、运输、原材料来源及协作配套等方面的条件和要求；初步技术经济效益、双方经济效益、外汇平衡及社会效益分析；等等。

正文的结尾包括三个方面的内容：一是呈报单位名称；二是呈报时间；三是附件说明。

3. 落款

注明中方企业名称和拟定日期。

在编制项目建议书的过程中，要积极主动地与外国投资者进行初步商谈，探讨双方的意向一致性，使项目建议书建立在中外双方共同签署的意向书的基础上。

5.5.3　范文模板

××市××××公司关于在××××筹建××××合资项目建议书

××市经贸委：

现将有关中外合资项目事项报告如下：

一、主办单位

中方：××市××××公司。该公司拥有国内××××行业中较先进的××××技术及一批具有专业知识的研究人员，从事××××工作，同时具有一定的生产能力。

法定代表人：×××

职务：××××

主管单位：××市××局

外方：××国××××公司

法定地址：××国××××

注册国家：××国

法定代表人：×××

国籍：××国

二、合资目的

引进国外的先进技术及生产管理经验，提高××××水平，增强在国际市场的竞争能力。

三、合资规模

合资初期主要生产××××，以后逐步扩大生产其他产品。该合资公司的产品80%以上外销，年销售额为××××万美元，厂房面积约××××平方米，职工××××～××××名。

四、投资估算及资金来源

投资总额为××××万美元，注册资本为××××万美元。其中，中方以厂房、设备、现金投入，折合××××万美元，占××%；外方以现金和技术投入，共××××万美元，占××%。

五、生产技术和主要设备

中方现有设备较为完善，合资后可以引进先进的技术和工艺。所以在合资初期，只需增添部分××××设备即可满足产品生产的要求。

六、主要原材料

合资初期，××××的原材料均在中国境内采购，以后逐步扩大其他产品生产时，视具体情况而定。若中国境内的原材料价格比国际市场昂贵，则由外方负责在国际市场采购。

七、合资期限：××年

八、初步经济效益分析

以合资初期的××××为例，年销售额为××××万美元。若利润率为××%，每年可获利××××万美元，则××××万美元的注册资金，××年就能全部收回。

呈报单位：××××

呈报时间：××××

附件说明：（略）

××市××××公司

××××年××月××日

5.6　中外合资项目可行性研究报告

5.6.1　含义与特点

中外合资项目可行性研究报告是在利用国外政府贷款、外来资金和技术时，对项目的可行性进行具体、深入、细致的论证后写成的书面报告文件。

中外合资项目的可行性研究是一个讨论与求证的过程，这需要从国内外的实际情况出发来准确判断中外合资项目是否具有可行性，以及能否实现良好的经济效益和社会效益。

中外合资项目可行性研究报告是中外合资项目在向其主管部门申请报批时必须随同申请书一起呈送的必备文书。只有在可行性研究报告得到批准后，中方企业才能正式与外方企业签订合同。

5.6.2 格式与写法

中外合资项目可行性研究报告一般由标题、导语、正文、尾部四部分组成。

1. 标题

这类报告标题的写法与其他涉外文书标题的写法类似，可以在标题中注明中外合资企业的名称或项目名称，也可以省略。

2. 导语

导语是对报告内容的概括，一般包括五项内容：项目名称；项目主办单位；项目技术负责人和项目财务负责人名单；项目建议书的审批件发出日期和文号；可行性研究报告的总概括、结论和建议。

3. 正文

正文是可行性研究报告的主体，主要包括八个方面的内容。

一是合资双方的基本情况。这部分内容包括外方企业的国别、企业名称、所在地；外方企业的资金、业务及经营情况；产品在国际市场上的竞争能力；中方企业的经营情况、生产水平和经营能力；中方企业的现有设备及更新情况。

二是生产规划。这部分内容是可行性研究报告的主要内容，包括：产品的名称、规格、技术性能及用途；对国内市场的调研与预测；对国外市场的调研与预测；对产品生产能力的分析；对产品在国内外市场上销售价格的调查、研究与分析，并附上近5至10年的价格统计资料；年度的及若干年的产品生产量及销售量规划。

三是物料供应规划。这部分内容包括两个方面：①原材料、半成品、配成品、配套件、辅助材料、维修材料、电力及燃料、供水等的用量、来源及价格，并详细说明每种物料的供应方案；②分别就国内及进口情况编制物料供应年度计划。

四是地址选择。这部分内容包括三个方面：①地址选择的技术因素和经济因素。技术因素是指地质地理条件、交通运输条件、电力供应、电信设施、供水、排污和职工的生活福利设施；经济因素是指基建投资总额、生产成本、销售成本、政治及社会因素。②总平面布置方案。③对几个可供选择方案的比较、论证及选定的理由。

五是技术与设备。这部分内容包括：对多个技术与设备方案选择的思考与选定的理由；技术来源、国别与厂商；对技术转让费的估算与处理；选定设备的名称、规格、数量、价格及选择的理由；进口设备的来源、国别与生产厂商；等等。

六是项目实施的综合计划。这部分内容包括：询价、谈判、签订合同、工程设计、技术与设备的交付、工程施工调试进度、正式投产日期、建筑工程与安装工程内容、施工队伍的选定、施工力量的安排和施工组织的实施。

七是投资概算和资金来源。投资概算是指在可行性研究报告里对投资资金进行使用说明，以便让评委知道项目投资的基本情况。它包括引进技术、进口设备以及国内配套工程的全部金额及资金来源、外汇来源、国内资金的概算。

八是经济效益分析。这部分内容包括：对生产成本、销售成本、销售收益的估算；近几年的资金流量表；近几年的资产负债表；对投资收回年限、外债偿还年限以及其他有关项目的计算。

4. 尾部

可行性研究报告的尾部包括结论和附件。

结论应表明此项目是可行的。

附件在可行性研究报告中具有非常重要的作用，其内容包括：聘请外国专家计划；出国培训计划；外汇资金的分年、分用途的用汇计划；国内资金的分年、分用途的用款计划；国家外汇管理局对于外汇资金来源和安排的审核意见书；厂址选择报告；与外商进行技术交流及非正式询价的有关资料；预审报告、工程项目一览表；等等。

5.6.3 范文模板

中国××××公司与××国××××公司合资经营××××公司的
可行性研究报告

本报告是由中国××××公司（以下简称甲方）与××国××××公司（以下简称乙方）在充分协调和调查研究的基础上共同编写的。

一、企业的名称、地址及负责人

1. 企业名称：××××公司

2. 地址：××市××区

3. 项目负责人：（甲方）×××；（乙方）×××

　　项目技术负责人：（甲方）×××；（乙方）×××

　　项目财务负责人：（甲方）×××；（乙方）×××

二、项目的提出

近几年，随着我市经济的快速发展，以及对外开放的力度不断加大，来我市旅游、洽谈贸易的国内外人士数量呈直线增长，××××需求日益增多。

据调查……引进外资，合资经营××××公司将缓和我市××××的状况，方便群众。

三、合资双方的简况和经营方针

××国××××公司是一家以经营××××、××××、××××等为主的××××公司，在××国注册资本为××××万美元，在××国设有××个分公司。该公司与多国企业有贸易往来，资信好，有一定的投资能力。

中国××××公司是一家由国务院批准的，由××省人民政府领导的国有企业。公司注册资本为××××万元人民币。

该公司的业务范围……

合资企业将采用先进的管理和经营方法，实行……

四、技术与设备

1. ……

2. ……

3. ……

4. ……

五、组织机构

…………

六、资金概算和来源

…………

七、经济效益分析

…………

八、主要结论

…………

附件：（略）

5.7　中外合资经营企业协议书

5.7.1　含义与特点

中外合资经营企业协议书，是中外合资者就设立中外合资企业在谈判中通过友好协商后而草签的书面文件。

中外合资经营企业协议书必须接受企业主管部门的审查，并转报审批机构批准后才能签订。一旦双方签订了中外合资经营企业协议书，就意味着商洽阶段结束，合资企业正式成立。至此，签约双方要受到法律的约束，并承担相应的法律责任。合资企业的各项筹建工作，必须在协议书规定的目标、基本要点和基本原则的指导下进行。

中外合资经营企业协议书是中外合资者签订合同的基础，因为该协议书对各有关问题的界定只是初步的，所以日后还要在这个协议书的基础上签订更加具体的合同。

5.7.2　格式与写法

中外合资经营企业协议书是制定中外合资经营企业合同的基础，一般由标题、正文、落款三部分组成。

1. 标题
标题一般为"中外合资经营企业协议书"。

2. 正文
中外合资经营企业协议书的正文主要包括：企业的名称、性质、经营范围；资本总额和双方投资比例；产销的大体安排；管理机构及人员的组成；技术的引进及其大体上的补偿办法；利润的分配办法；等等。

3. 落款

落款处写明签约各方单位的全称，代表签字，单位要加盖公章，并写明签订日期。

在具体的写作过程中，一定要根据实际情况撰写，语言应尽可能简单明了。

5.7.3　范文模板

中外合资经营企业协议书

甲方：中国××××公司

地址：××××

法定代表人：×××

乙方：××国××××公司

地址：××××

法定代表人：×××

甲乙双方于××××年××月××日至××日在中国××市，经过友好协商，在平等互利的原则下，就合资创办××××公司事宜达成如下协议：

一、合资企业定名为××××公司。……

二、合资企业为有限责任公司。……

三、公司设立董事会，人数为××人，其中甲方××人，乙方××人，……

四、合资企业所得毛利润，按国家税法照章纳税……

五、合同期内，乙方所得的纯利润达到乙方投资总额（包括本息）后，企业资产即归甲方所有。

六、双方共同遵守中国政府制定的外汇、税收、合资经营以及劳动等法规。

七、双方商定，在适当的时间选择适当的地点，就有关事项进一步洽商，提出具体实施方案并签订合同。

甲方（盖章）：中国××××公司　乙方（盖章）：××国××××公司

　　代表（签字）：×××　　　　　　　代表（签字）：×××

　　××××年××月××日　　　　　　××××年××月××日

5.8　中外合资经营企业合同

5.8.1　含义与特点

中外合资经营企业合同，是指外国的公司、企业、其他经济组织或个人，按照平等互利的原则，在中国境内与中国的公司、企业或其他经济组织所签订的共同成立合资企业的合同。

在订立中外合资经营企业合同的过程中，由于外方不了解中国的法律和审批程序，往往约定由中方承担合资企业设立文件的行政报批工作，如果在限定时间内中方没有完成相应的行政报批程序，则视为中方违约，中方应承担违约责任。

当然，这个行政报批程序也需要外方的密切配合。如果外方不够配合，行政报批程序就无法进行。所以，如果约定由中方来承担报批责任，那么同时也应该规定外方在提交材料方面的责任和在其他方面配合的义务。

5.8.2　格式与写法

中外合资经营企业合同在格式上与其他合同的格式类似，一般由标题、正文、落款三部分组成。

中外合资经营企业与单纯的内资企业有很大的不同，在签订中外合资经营企业合同时，容易出现一些潜在的问题和风险，签约双方应当多注意，并采取切实可行的防范措施，以避免或减少损失。在具体的写作过程中，要特别注意以下几个问题：

（1）要审查外方的主体资格和合资能力

若外方是企业或其他经济组织，则其应当具备合法的证明文件。订立合同时一定要审查外方是否具备签订合同的条件和能力。要对外方的经营状况和商业信誉，以及往来的银行名称、账号、地址等进行详细的了解，可以要求外方提供经公证机关公证的合法资格文件、担保书、资金信用证明等资料。

（2）必须采用书面的合同形式

如果双方当事人都是企业或其他经济组织，则应由其法定代表人或法定代表人正式授权的代理人签字。在签字前，双方应互相提供证明签字人资格或代理资格的证书。中外合资经营企业合同只有在获得有关部门的批准后才算合法有效。

（3）保证合同条款的完整性

与合作相关的事宜都要在合同中约定，包括合同主体条款、投资总额、注册资本、合作生产经营的项目、国内外销售的比例、合作期限、经营范围、合资企业的财务管理等。违约责任条款和法律适用条款等也都要作出明确具体的规定。

5.8.3 范文模板

×××× 公司合资经营合同

第一章 总则

第一条 根据《中华人民共和国外商投资法》《中华人民共和国公司法》及中国相关法律、法规的规定，中国×××× 公司（以下简称甲方）与×× 国×××× 公司（以下简称乙方）本着平等互利的原则，通过友好协商，同意在中华人民共和国×× 市共同投资设立中外合资企业×××× 公司（以下简称合资公司），特制定本合同。

第二条 甲乙双方的名称、法定地址和法定代表人情况

甲方：中国×××× 公司

法定地址：×× 市×× 区×× 街×× 号

法定代表人：×××，职务：董事长，国籍：中国

乙方：×× 国×××× 公司

法定地址：×× 国×× 市×× 街×× 号

法定代表人：×××，职务：董事长，国籍：×× 国

第三条　合资公司的情况

合资公司的名称：××××公司

法定地址：××市××区××街××号

第四条　合资公司为有限责任公司。合资公司以其全部资产对其债务承担责任。合资各方以其认缴的出资额为限对合资公司承担责任。

第五条　合资公司为××国法人，受××国法律管辖和保护。合资公司从事经营活动，必须遵守××国的法律、行政法规，遵守社会公德、商业道德，诚实守信，接受政府和社会公众的监督，承担社会责任。

第二章　宗旨、经营范围、生产规模

第六条　合资公司的宗旨：……

第七条　合资公司的经营范围：……

第八条　合资公司的生产规模：……

第三章　投资总额和注册资本

第九条　合资公司的投资总额为××××万美元。

合资公司的注册资本为××××万美元。

第十条　甲乙双方出资如下：

甲方：认缴出资额为××××万美元，占注册资本的××%。其中，货币为××××万美元、实物为××××万美元、土地使用权为××××万美元、知识产权为××××万美元。

乙方：认缴出资额为××××万美元，占注册资本的××%。其中，货币为××××万美元、实物为××××万美元、知识产权为××××万美元。

第十一条　合资公司的注册资本自营业执照签发之日起分××期缴付。第一期在××个月内缴付，不少于注册资本的××%。其余注册资本应在××月内缴付。（注：其余注册资本最迟应在营业执照签发之日起两年内缴付）

…………

第十四条　合资公司注册资本的调整，应由董事会会议通过，并报审批机关批准，向登记机关办理变更登记手续。

第四章　董事会

第十五条　合资公司营业执照签发之日为董事会成立之日。

…………

第二十一条　各方有义务确保其委派的董事出席董事会年会和临时会

议；董事因故不能出席董事会会议的，应出具委托书，委托他人代表其出席会议。

第五章　监事会（监事）

第二十二条　公司设监事会，成员有××人，由××××产生。……

…………

第二十四条　监事会每年度至少召开一次会议，监事可以提议召开临时监事会会议。

第二十五条　监事会决议应当经半数以上监事通过。

第六章　经营管理机构

第二十六条　合资公司设经营管理机构，负责企业日常经营管理工作。

第二十七条　合资公司设总经理××人，副总经理××人，正副总经理由董事会聘请。

…………

第七章　税务、外汇管理、财务与会计

第三十二条　合资公司根据中华人民共和国有关法律、法规、规章，办理税务、外汇事宜，制定财务与会计制度，并依法向政府主管部门备案。

第八章　利润分配

第三十三条　合资公司从缴纳所得税后的利润中提取储备基金、企业发展基金和职工奖励及福利基金。提取的比例由董事会依法确定。

第三十四条　合资公司依法缴纳所得税和提取各项基金后的可分配利润，董事会确定分配的，按照合资各方在注册资本中的出资比例进行分配。

第九章　职工

第三十五条　合资公司职工的招聘、解聘、辞退、工资、福利、劳动保险、劳动保护、劳动纪律等事宜，按照国家有关劳动和社会保障的规定办理。

第十章　工会组织

第三十六条　合资公司职工有权按照《中华人民共和国工会法》的规定，建立工会组织，开展工会活动。

第三十七条　合资公司每月按企业职工实际工资总额的××%拨交工会经费，由本企业工会按照中华全国总工会制定的有关工会经费管理办法使用。

第十一章　期限、终止、清算

第三十八条　合资公司的经营期限为××年，自营业执照签发之日起计算。

·············

第十二章　争议的解决

第四十八条　本合同的订立、效力、解释、执行及争议的解决，均适用中国的法律。合资各方如在解释或履行合资公司合同时发生争议，应尽量通过友好协商或调解解决。如经过协商或调解无效，则提请仲裁（或司法解决）。合资各方同意在××××仲裁委员会仲裁，按该会的仲裁程序规则进行。

第四十九条　在解决争议期间，除争议事项外，合资各方应继续履行合资经营合同规定的其他各项条款。

第十三章　附则

第五十条　本合同的修改须经合资各方同意并签署书面协议，且由合资公司董事会作出决议。

·············

第五十四条　本合同于××××年××月××日，由合资各方（或授权代表）在中国××××签署。

甲方（盖章）：中国××××公司　　乙方（盖章）：××国××××公司

　　代表（签字）：×××　　　　　　　　代表（签字）：×××

　　××××年××月××日　　　　　　　　××××年××月××日

5.9　中外合资经营企业章程

5.9.1　含义与特点

中外合资经营企业（以下简称合资企业）章程是依照我国的有关法律、法规、条例和合资企业合同所签订的条款，规定合资企业的宗旨、机构设置、组织原则及经营管理方法等事项，并取得中外合资各方一致同意的法规性文件。

中外合资经营企业章程有三个特点：

一是法规性。合资企业章程是合资企业的行为规范，是合资企业的根本。

二是合法性。合资企业章程是按照合资企业合同规定的原则，经合资各方一致同意，规定合资企业的宗旨、组织原则和经营管理方法等事项的文件，需遵守我国有关法律规定，特别是《中华人民共和国外商投资法》和《中华人民共和国公司法》。

三是约束性。合资企业章程要求组织内的所有成员都必须按章行事，按照条文约束自己的行为，还要求各级组织必须严格按照章程规定的宗旨、原则、经营范围及其职责来运作。

5.9.2　格式与写法

中外合资经营企业章程一般由标题、正文、落款三部分组成。

1. 标题

标题一般由章程制定单位的全称和文种构成，如"××××合资企业章程"。

标题下用括号标注"××××年××月××日××××会议通过"字样。

2. 正文

正文通常以条款的形式呈现。尤其是大型合资企业章程，要尽可能采用总则分章式写法，而中小型合资企业章程采用分列条目式写法较为适宜。

正文主要包括：合资企业名称及所在地；合资企业的宗旨、经营范围和期限；合资各方的名称、注册国家、法定地址和法定代表人的姓名、国籍、职务；合资企业的投资总额、注册资本额、各方出资比例、股份转让规定；利润和亏损的分配比例和规定；董事会的组成、议事程序、董事任期、董事长及董事的委派；管理机构的设置和职责、办事规则、总经理及高级人员的任免；会计制度的原则；公司的终止和清算；章程修改的程序；等等。

在正文的结尾处，可以列出附则，写明章程修改权限、生效日期等。

3. 落款

落款包括署名和日期。写明合资各方单位的全称，并签字盖章。同时，注明章程的制定日期。

5.9.3　范文模板

××××合资公司章程

（××××年××月××日本公司第××次会议通过）

第一章　总则

第一条　根据《中华人民共和国外商投资法》的精神，以及××国××××公司（以下简称甲方）与中国××市××××公司（以下简称乙方）于××××年××月××日在中国××市签订的建立××××合资公司（以下简称合资公司）的合同，制定本公司章程。

第二条　合资公司的中文名称、外文名称、法定地址

中文名称：××××有限责任公司

外文名称：××××

法定地址：××××

第三条　甲乙双方的名称、法定地址

甲方：××国××××公司

法定地址：××国××市××街××号

乙方：中国××市××××公司

法定地址：××市××区××路××号

第四条　合资公司为有限责任公司。

第五条　合资公司为中国法人，受中国法律的管辖和保护。其一切活动必须遵守中国的法律、法令和有关条例规定。

第二章　宗旨、经营范围

第六条　合资公司的宗旨

…………

第七条　合资公司的经营范围

…………

第三章　投资总额和注册资本

第十条　合资公司的投资总额为××××万美元，注册资本为××××万美元，所需资金与实际投资之间的差额××××万美元由合资公司向银行贷款。

…………

第四章　董事会

第十七条　合资公司设董事会。董事会是合资公司的最高权力机构。

第十八条　董事会决定合资公司的一切重大事宜，其职权主要有……

…………

第五章　经营管理机构

第二十九条　合资公司设经营管理机构，下设生产、技术、销售、财务、行政等部门。

第三十条　合资公司设总经理××人，副总经理××人，正副总经理由董事会聘任。首届总经理由甲方推荐，副总经理由乙方推荐。

…………

第六章　财务会计

第三十九条　合资公司的财务会计按照中华人民共和国财政部制定的中外合资经营企业财务会计制度规定办理。

…………

第七章　利润分配

第五十条　合资公司从缴纳所得税后的利润中提取储备基金、企业发展基金和职工奖励及福利基金。提取的比例由董事会确定。

…………

第八章　职工

第五十四条　合资公司职工的招收、招聘、辞退、工资、福利、劳动保险、劳动保护、劳动纪律等事宜，按照《中华人民共和国中外合资经营企业劳动管理规定》及其实施办法办理。

…………

第九章　工会组织

第五十九条　合资公司职工有权按照《中华人民共和国工会法》的规定，建立工会组织，开展工会活动。

…………

第十章　期限、终止、清算

第六十五条　合资公司的合资期限为××年。自营业执照签发之日起计算。

…………

第十一章　规章制度

第七十五条　合资公司董事会制定的规章制度有：

……………

第十二章　附则

第七十六条　本章程的修改，必须经董事会会议一致通过决议，并报原审批机构批准。

第七十七条　本章程用中文和××文书写，两种文本具有同等效力。上述两种文本如有不符，以中文文本为准。

第七十八条　本章程须经中华人民共和国对外贸易经济合作部（或其委托的审批机构）批准才能生效。

第七十九条　本章程于××××年××月××日由甲乙双方授权代表在中国××××签字。

甲方（盖章）：××国××××公司　乙方（盖章）：中国××市××××公司

　　代表（签字）：×××　　　　　　　　　代表（签字）：×××

　　××××年××月××日　　　　　　　　　××××年××月××日

5.10　中外合作经营企业合同

5.10.1　含义与特点

中外合作经营企业，是指外国企业或外国人与中国内地企业依照《中华人民共和国外商投资法》及有关法律的规定，依照合同的约定进行投资或提供条件设立、分配利润和分担风险的企业。

中外合作经营企业合同，是指合作各方为设立合作企业就相互之间的权利和义务关系达成一致意见后形成的书面文件。

中外合作经营企业合同有三个特点：

一是基础性。中外合作经营企业合同必须获得有关部门的批准同意后，才算合法有效。中外合作经营企业合同是中外合作各方相互合作、解决纠纷和争议的依据。

二是法律性。中外合作经营企业合同签订后，签约各方不得擅自变更或自行解除，因为它是法律凭证。

三是书面性。中外合作经营企业合同必须是书面形式的文件。如果当事人是企业或其他经济组织，应由其法定代表人或法定代表人正式授权的代理人签字。在签字前，合同双方应互相提供证明签字人资格或代理资格的文件。

5.10.2　格式与写法

在格式上，中外合作经营企业合同与其他合同类似，一般由标题、正文、落款三部分组成。

1. 标题
标题一般为"中外合作经营企业合同"。

2. 正文
正文主要包括：总则、技术名词定义、专利和商标的使用、第三方伪造及侵犯、提成费、技术培训、优先条款、保密、合营期限、仲裁、不可抗力、合同文字和工作语言、其他事项等。

3. 落款
落款处写明签约各方单位的全称，代表签字，单位要加盖公章，并写明签订日期。

5.10.3　范文模板

中外合作经营企业合同

第一章　总则

根据《中华人民共和国外商投资法》和中国的其他有关法律，本着平等互利的原则，中国××××有限公司（以下简称甲方）与××国××××公司（以下简称乙方）通过友好协商，同意在中华人民共和国××省××市，共同投资创办中外合作经营企业（以下简称合作公司），特订立本合同。

合作公司的宗旨系引进专利技术进行合作生产。甲方提供生产厂房及所需设备，乙方提供专利技术。双方按本合同附件列明的项目投入。

合作公司由甲方独自经营管理，乙方承包使用技术的全过程，保证其产品达到合同规定的要求。乙方提供的专利技术按本合同第五条款规定，以提成费的办法作为补偿。

第二章 定义

本合同及附件中所引用的技术名词分别阐述，其意义明确如下：

2.1 "产品"系指合同附件所列的产品。

2.2 "专利"系指经登记获有专利权的和经登记获有实用新型专利权的及本合同附件所列明的须经申请的专利技术。

2.3 "技术"系指为满足生产、使用、保养及销售该产品所需的，为乙方目前所持有的或将来能获得的并有权向第三者公开的技术数据、配方、生产程序、说明书、手册目录及信息等。

2.4 "商标"系指合同附件所列明的商标。

．．．．．．．．．．．

第三章 专利和商标的使用

3.1 不经乙方同意，合作公司除按合同的规定生产、使用和销售该产品外，不得使用其专利、商标和技术。

3.2 事先未得到书面同意，合作公司不得对所生产的产品进行修改。合作公司生产的产品与乙方生产的产品质量应相同。乙方有权采取任何必要的措施确保合作公司的产品达到规定的质量水平。

．．．．．．．．．．．

第七章 优先条款

7.1 在合作期间，合作公司所需要的材料、设备、配件等在价格、供货时间和质量同等的条件下，必须优先购买和使用中华人民共和国制造的产品。

．．．．．．．．．．．

第八章 保密

合作公司承认并同意在合同期内由乙方提供的技术系属秘密。合作公司及其全体雇员和工作人员应按合同列明的目的使用其技术，在未得到乙方事先书面同意时，不得向任何第三者公开或透露此技术，自签署合同至终止合同，该项技术的保密期限为××年。

··········

第十二章 合同文字和工作语言

12.1 本合同及附件用中文、××文书写，两种文本具有同等法律效力。

12.2 合作公司的重要文件，一律用中文、××文书写，两种文本均具有同等法律效力。双方同意以××语和汉语作为工作语言。

第十三章 其他

13.1 本合同的标题仅为醒目参考用，不影响本合同的意义和解释。

13.2 合同的中文、××文文本各一式四份，每种文本双方各持两份。

13.3 甲乙方及合作公司之间的通信来往均以中文、××文为准。

甲方（盖章）：中国××××公司　　乙方（盖章）：××国××××公司

　　代表（签字）：×××　　　　　　　代表（签字）：×××

　　××××年××月××日　　　　　　××××年××月××日

5.11 设立外资企业申请书

5.11.1 含义与特点

设立外资企业申请书是外国投资者在选定投资项目之后，正式向我国商务部或国务院授权的其他机构提出的书面申请报告。设立外资企业申请书是一种很重要的法律文书，其内容是否符合中国法律的要求，直接关系到审批机构是否作出批准的决定。

5.11.2 格式与写法

设立外资企业申请书一般由标题、正文、落款三部分组成。

1. 标题

可以直接写"设立外资企业申请书"。

2．正文

正文主要包括以下几个部分：

（1）称谓

称谓可以写"中华人民共和国商务部"，或"××省（市）商务厅（局）"，后面加上冒号，然后另起一行。

（2）企业介绍

称谓之后所写的内容包括：外国投资者的姓名或者名称、住所、注册地址和法定代表人的姓名、国籍、职务；拟设立外资企业的名称、地址；经营范围、产品品种和生产规模；拟设立外资企业的投资总额、注册资本、资金来源、出资方式；拟设立外资企业的组织形式、组织机构和法定代表人；等等。

（3）运营计划

这一部分内容包括：所使用的生产设备及其新旧程度、生产技术、工艺水平及设备来源；产品的销售方向、地区和销售渠道、方式；外汇资金的收支安排；场地选择和用地面积；基本建设和生产经营所需的资金、能源、原材料及其解决办法；项目实施的进度计划；拟设立外资企业的经营期限。

3．落款

落款处应写明申请人的名称及代表，并签字盖章，同时写明申请日期。

5.11.3　范文模板

设立外资企业申请书

中华人民共和国商务部：

我们是××国××××公司（外国企业名称），我公司经过对贵地区投资环境的综合考察，决定在这里投资，设立一家外资企业，现依法郑重向贵国商务部提出申请，望早日批准为盼。

一、拟设立的外资企业基本情况

1．公司名称与地址

公司名称：××××有限责任公司（拟设立的外资企业名称）

地址：××市××区××街××号

2．公司经营范围

生产、加工××××产品，销售××××产品，提供××××产品的售后服务。

3．公司投资总额、注册资本、出资比例及方式

公司投资总额为××××美元，注册资本为××××美元。投资者以自有资金及设备出资，其中，现金出资占注册资本的××%，实物出资占注册资本的××%。

二、运营计划

1．……

2．……

3．……

此致

申请人（盖章）：××国××××公司

代表（签字）：×××

××××年××月××日

第6章
涉外劳务类文书

涉外劳务类文书，是指不同国家之间进行劳务合作时所涉及的一些劳务合同等文书。其中，最常见的是涉外劳务合同。

与其他类型的文书相比，涉外劳务类文书的政策性、保密性、规范性更强，因此它的写作要求也更高。有时用词不严谨、表达不清晰，都可能有损民族的尊严和国家的利益。因此，涉外劳务类文书的写作不允许有半点疏漏之处。

6.1　外国文教专家聘用合同

6.1.1　含义与特点

外国文教专家聘用合同，即国内企事业单位或政府机构在聘请外国文教专家时签订的合同。该合同可以保证双方当事人的合作有序进行，有利于约束双方当事人，以免发生不负责任的现象，保障双方当事人的合法权益不受侵害。

双方当事人签订的符合法律规定的合同，具有法律效力，是双方合作的基础，双方都必须严格按照合同条款履行各自的职责。当双方发生矛盾或纠纷时，应按照合同规定进行处理和解决。

外国专家在华工作期间应严格遵守协议或合同的规定。协议或合同应对专家在华工作期间的工作任务、质量、工资待遇、保险、医疗费用、休假等作出明确的规定。聘用合同必须以书面形式签订，任何口头协议都将被视为无效。当双方发生争议时，可向外国文教专家聘用合同中指定的仲裁委员会申请仲裁，也可向当地法院提起诉讼。在华外国专家的合法权益受中国政府保护。

当然，按照我国现行法律，不是所有企事业单位或政府机构都可以随意聘请外国文教专家。要想聘请外国文教专家，需要事先获得聘请外国文教专家单位资格。要想得到该资格，必须具备如下条件：

·具有独立法人资格；

·经过行业资质认证；

·设有外国专家管理和服务工作的专门机构，配备具有良好业务素质的工作人员；

·外国专家管理制度和外事工作人员制度健全；

·具有聘请外国专家所需的工作条件、生活设施和安全保卫能力；

·具有聘请外国专家所需的经费保障。

如果是新开办的学校或教育、培训机构，则只有正常运行一年以上，在教师、生源和教学秩序基本稳定后，方可申请办理该资格认可手续。

6.1.2 格式与写法

外国文教专家聘用合同一般由标题、正文、落款三部分组成。

1. 标题

外国文教专家聘用合同的标题一般直接写成"聘用合同"或"聘请合同"。

2. 正文

正文部分是外国文教专家聘用合同的核心，主要包括：合同起止日期，受聘方的工作任务，受聘方的薪酬待遇，聘方的义务，受聘方的义务，合同的变更、解除和终止，违约金，合同生效日期，以及合同争议解决方式等。

3. 落款

一般要注明聘方的名称和受聘方的姓名，并签字盖章，同时写上签订日期。

6.1.3 范文模板

聘用合同

聘方（聘请单位）

单位名称：××××大学

法定代表人：×××

委托代理人：××院××系××××（职务）

地址：××市××路××号

电话：××××

传真：××××

受聘方（外国专家、外籍专业人员）

姓名：×××

性别：××

出生日期：××××年××月××日

国籍：××国

证件号码：××××

境外住址：××国××市××街××号

工作职位：××××

工作地点：××市

电话：××××

一、双方本着公平、平等自愿、协商一致、诚实信用的原则和友好合作的精神，自愿签订本合同并保证认真履行合同约定的各项义务。

二、合同期限自××××年××月××日起至××××年××月××日止。受聘方只有在办妥外国专家证和居留许可证的情况下方可正式入职。合同起聘期从正式入职之日起计算。

三、受聘方的工作任务见附件。

四、受聘方的月薪为××××元人民币（税前/税后），其余工资福利见附件。

五、聘方的义务

（一）向受聘方介绍中国的有关法律、法规和聘方的有关工作制度，以及有关外国专家的管理规定。

（二）对受聘方的工作进行指导、检查和评估。

（三）向受聘方提供必要的工作和生活条件。

（四）配备合作共事人员。

（五）按时支付受聘方的报酬。

六、受聘方的义务

（一）遵守中国的法律、法规。

（二）遵守聘方的工作制度和有关外国专家的管理规定，接受聘方的工作安排、业务指导、检查和评估。未经聘方同意，不得兼职。

（三）按期完成工作任务，保证工作质量。

（四）尊重中国的宗教政策。不从事与身份不符的活动。

（五）尊重中国人民的道德规范和风俗习惯。

七、合同的变更、解除和终止

双方应遵守合同，未经双方一致同意，任何一方不得擅自变更、解除和终止合同。

（一）合同的变更。……

（二）合同的解除。……

（三）合同的终止。……

八、违约金

当事人一方不履行合同或者未完全履行合同所规定的义务，即为违反合同，应当向另一方支付××××元人民币。

受聘方因不可抗力事件要求解除合同，需出具有关机构证明。经聘方同意解除合同后，受聘方离华的费用自理；受聘方若无故解除合同，除离华的费用自理外，还应当向聘方支付违约金××××元人民币。

聘方因不可抗力事件要求解除合同，经受聘方同意解除合同后，受聘方离华的费用由聘方负担；聘方若无故解除合同，除负担受聘方离华的费用外，还应当向受聘方支付违约金××××元人民币。

九、本合同附件为合同不可分割的组成部分，与合同具有同等法律效力。

十、本合同自双方签字盖章之日起生效，合同期满即自行失效。当事人一方要求签订新合同，应当在本合同期满××天前向另一方提出，经双方协商一致同意后签订新的合同。

受聘方合同期满后，在华逗留期间的一切费用自理。

十一、合同争议解决方式

当事人双方发生合同争议时，尽可能通过协商或者调解解决。若协商、调解无效，可向当地人事或劳动仲裁机构申请仲裁。对仲裁结果不服的，可向人民法院提起诉讼。

本合同于××××年××月××日在××××大学签订。合同文本同时用中文和××文写成。各文种合同文本一式两份。中文文本和××文文本具有同等效力，中文文本条款和××文文本条款不一致的，以中文文本为准。

附件：（略）

聘方（盖章）：××××

受聘方（签字）：×××

××××年××月××日

6.2　国际劳务合同

6.2.1　含义与特点

国际劳务合同是指提供方向需求方所在国输出劳务人员时，双方就有关输出劳务人员的权利、义务和各有关事项达成一致意见的书面协议。

劳务，即劳动服务。它是一种不以实物的形式而以提供劳动的形式满足他人某种需要并索取报酬的服务。这里的劳务是指将本国科技人员、工人等派往需要的国家（地区），使其在合同有效期内从事相应的服务工作。它既指体力方面的劳动服务，又指脑力方面的劳动服务，属于商品进出口贸易范畴。不论以哪种方式进行劳务输出，都必须签订劳务合同。

国际劳务合同有三个特点：

一是标的的商业性。国际劳务合同的标的是服务，将劳务作为商品提供给需求方，是一种特殊的商品进出口贸易。

二是风险的可控性。劳务输出的交易双方建立的是雇佣关系。输出劳务的一方出卖的是劳动力、知识和技术，不承担风险。风险由雇主承担。

三是责权利的平等性。无论是对雇主还是对劳务输出方，国际劳务合同都应该是平等的。它的平等性表现在合同条款当中，各方的义务、责任、报酬、待遇都应该公平合理。特别是对劳务人员来说，远在异乡，可能因语言障碍而在工作和生活中遇到很多困难。因此，合同应详细规定解决问题的办法和基本的保障措施，使劳务人员在发生问题时有法可依、有据可查。

6.2.2　格式与写法

国际劳务合同一般由首部、正文和落款三部分组成。

1. 首部

如果没有特殊要求，国际劳务合同的标题会直接写"国际劳务合同"，然后另起一行，写上合同编号，签约日期，签约地点，合同双方的单位名称、法定地址、电话以及合同的前言。

2. 正文

这部分涉及合同的具体内容，主要包括：派遣人员的职责、条件；待遇及费用；双方的责任；保险条款；支付条款；派遣人员的交换和解雇；仲裁条款；合同的生效和终止等合同议定的各项条款。每项内容又分为若干条款。合同条款需要进行统一编号，便于今后有争议时引证。

3. 落款

落款处写明合同双方单位的全称及代表的姓名，并签字盖章，同时写上签订日期。

6.2.3　范文模板

国际劳务合同

合同编号：××××

甲方：××国××××有限公司

法定代表人：×××

　　地址：××××

　　电话：××××

　　乙方：中国××××公司

　　法定代表人：×××

　　地址：××××

　　电话：××××

　　甲乙双方根据平等互利的原则，经友好协商，于××××年××月××
日在××××共同签署本合同。本合同的有效期为十年。双方就以下各项合
作内容达成一致意见。

　　第一条　总则

　　甲方负责承揽工程，乙方根据合同条款向甲方提供工人、工程技术人
员。甲方向乙方支付报酬。双方应互相协作，认真执行合同。

　　第二条　甲方的权利和义务

　　…………

　　第三条　乙方的权利和义务

　　…………

　　第四条　工作时间与待遇

　　…………

　　第五条　仲裁

　　凡因执行本合同所发生的或与本合同有关的一切争议，双方应通过……

　　第六条　合同的终止

　　…………

　　第七条　其他

　　本合同以中文和××文书写，一式四份，双方各持两份。

甲方（盖章）：××××有限公司　　乙方（盖章）：中国××××公司

　　　　代表（签字）：×××　　　　　　代表（签字）：×××

　　　　××××年××月××日　　　　　××××年××月××日

6.3　聘用中国雇员劳务合同

6.3.1　含义与特点

在我国，向外国企业常驻代表机构求职应聘或者以业务合作、培训、交流等方式到外国企业常驻代表机构工作的中国公民被称为"中国雇员"。

如果要到外国企业常驻代表机构工作，需要经过外事服务单位的介绍，并获得国家有关部门的批准。未经批准，任何单位和个人均不得从事向外国企业常驻代表机构提供中国雇员的活动。同时，外国企业常驻代表机构招聘中国雇员，也必须委托外事服务单位办理，不得私自或者委托其他单位、个人招聘中国雇员。

6.3.2　格式与写法

聘用中国雇员劳务合同也属于涉外劳务类文书中的一种，其写法与前面讲到的"国际劳务合同"类似，一般由首部、正文和落款三部分组成。

1. 首部

聘用中国雇员劳务合同的标题可以直接写"聘用合同"，然后另起一行，写上合同编号，签约日期，签约地点，合同双方的单位名称、法定地址、电话以及合同的前言。

2. 正文

正文部分主要包括：被聘用人员的职责、条件；待遇及费用；双方的责任；保险条款；支付条款；解雇条款；仲裁条款；合同的生效和终止等合同议定的各项条款。每项内容又分为若干条款。

3. 落款

合同双方签字盖章，并注明签订日期。

6.3.3　范文模板

聘用中国雇员劳务合同

合同编号：××××

甲方：××××人事服务公司

法定代表人：×××

地址：××××

电话：××××

传真：××××

邮政编码：××××

乙方：××××公司驻京办事处

负责人：×××

北京办事处地址：××××

境外公司合法注册地址：××××

电话：××××

传真：××××

邮政编码：××××

　　甲乙双方按照中华人民共和国有关法律，根据平等互利原则，经友好协商，就乙方聘用中国雇员事宜达成如下协议：

第一章　总则

　　第一条　中国雇员系指甲方按照甲乙双方签订的合同派往乙方工作的中国公民。

　　第二条　补偿费系指在本合同存续期间，一方因撤回或退回中国雇员而与中国雇员解除聘用关系，需支付给另一方的违约金。经济补偿金系指在本合同存续期间，甲方因与中国雇员解除劳动关系，而支付给中国雇员的违约补偿费用。

　　第三条　中国雇员与甲方为劳动关系，与乙方为劳务关系。中国雇员的工作地点、岗位、方式由乙方根据业务需要确定。

第四条　聘用费系指乙方聘用中国雇员而支付甲方的费用，包括：
·············

第二章　甲方的义务与权利

第五条　甲方承担下列义务：
·············

第六条　甲方享有如下权利：
·············

第三章　乙方的义务与权利

第七条　乙方承担下列义务：
·············

第八条　乙方享有如下权利：
·············

第四章　费用及其结算

第九条　本合同所涉及的中国雇员、聘用费、聘用时间和付费方式在本合同附件中约定。

第十条　乙方须于当月底前向甲方支付月聘用费、补偿费和年终附加的聘用费（乙方直接支付中国雇员工资的，须于当月底前向甲方支付管理费），以上费用每逾期1天按1‰加付滞付金。逾期30天的，甲方可视情况解除或终止本合同，且不属违约行为，双方办理相应手续。甲方收到乙方支付的聘用费后，于次月6日支付由甲方支付工资的中国雇员工资。

第十一条　中国雇员的聘用费，可用人民币或等值于人民币的外币支付（按中国国家外汇管理局当月15日公布的汇率折算）。

乙方向甲方支付的聘用费用中涉及社会保险的费用，应随着国家有关部门颁布的社会保险缴费基数及比例的调整而做相应调整。

第十二条　加班、加点费用的计算方法为：

工作日加点费=月工资÷20.92天÷8小时×实际加点时间×150%；

休息日、带薪休假日加班费=月工资÷20.92天×实际加班时间×200%；

法定节假日加班费=月工资÷20.92天×实际加班时间×300%。

第五章　争议处理

第十三条　在本合同履行过程中，甲乙双方如发生争议，应通过友好协商解决。经协商后仍不能解决的，可提交有管辖权的人民法院处理。

第十四条 甲方与中国雇员因本合同中有关雇员工资、保险等劳动权力和义务的内容发生劳动争议，并提起劳动争议仲裁时，如争议的处理结果与乙方有利害关系，乙方有参加仲裁活动的权利和义务。

第六章 其他

第十五条 本合同未尽事宜，国家有规定的按国家规定办理，国家无规定的由甲乙双方协商解决，或用合同附件另行约定。

第十六条 本合同在履行中，如因中国政府新颁布的法律、法规和规章造成本合同条款必须修订时，均应以新颁布的法律、法规和规章为准，由甲乙双方协商修订。

第十七条 本合同自××××年××月××日起生效，有效期××年，合同期满前一个月内，如甲乙双方均未提出异议，有效期自行延长，延长期限与本合同期限相同。

第十八条 本合同分别用中文和××文写成，每种文本一式两份，双方各持中文文本和××文文本一份，两种文本具有同等法律效力。当两种文本出现矛盾时，以中文文本为准。

附件：（略）

甲方（盖章）：××××人事服务公司　乙方（盖章）：××××公司驻京办事处
　　　代表（签字）：×××　　　　　　　代表（签字）：×××
　　　　××××年××月××日　　　　　　××××年××月××日

第7章
涉外工程承包类文书

涉外工程承包是指从事国际工程承包的公司或联合体通过招标与投标的方式，与业主签订承包合同，取得某项工程的实施权利，并按合同规定，完成整个工程项目的合作方式。它是一项综合性的国际经济合作方式。

涉外工程承包的方式不同，所涉及的文书也不同。但不论是哪种文书，都有其既定的写法与通用的格式，在实际运用中，写作者要根据具体情况灵活掌握。

7.1 国际招标通告

7.1.1 含义与特点

国际招标通告是指招标单位在国际工程市场上，把拟建工程项目进行招标的消息告知公众或承包商时所使用的一种告知性文体，这是国际招标文件的主体。

国际招标通告有以下三个特点：

一是涉外性。这类招标通告针对的主要是外国的承包商，而不是本国的承包商，所以，在编写的时候，一定要说明招标的项目、时间、地点，项目的资金来源及项目要求等。同时，要考虑外国人的阅读习惯，多用国际通用的名词、概念、习惯用语。

二是筛选性。筛选性是指国际招标通告通过招标的形式，在世界范围内筛选项目承包商。这是国际招标通告独有的特点。因此，国际招标通告是业主择优选择承包商的信息载体，也是连接业主和承包商之间的桥梁。

　　三是周知性。周知性是国际招标通告的一大特点。国际招标通告旨在将有关发包的一些情况、信息告知国外有意向的承包商。

　　所以在编写国际招标通告的时候，一定要做到用词规范，所涉及的项目一定要讲清楚，否则就会给招标工作带来很多麻烦，甚至影响招标工作的顺利进行。

7.1.2　格式与写法

　　国际招标通告一般由标题、正文、落款三部分组成。

1. 标题

　　国际招标通告的标题可以由招标单位名称、招标项目和文种构成，如"中国××××国际招标公司××××工程招标通告"；也可以由招标单位名称和文种构成，如"中国××××公司招标通告"。

　　国际招标通告的标题在形式上可分为单行标题和多行标题两种。

　　（1）单行标题有三种写法：一是完整式标题，由招标单位名称、招标项目和文种组成，如"××××学院新校区工程招标通告"；二是省略式标题，可省略招标单位名称或招标项目，如"中国××××工程招标通告""××××公司招标通告"等；三是广告式标题，以生动的语言激起人们投标的欲望。

　　（2）多行标题，即标题由主标题和副标题构成。主标题说明招标单位名称，副标题说明招标项目，如"××××公司国际招标通告——××××工程"。

　　凡是由招标单位制作的招标通告，都要在标题下一行的右侧标明通告的编号，以便归档备查。

2. 正文

　　国际招标通告的正文应当写明招标单位名称、地址，招标项目的性质、数量、实施地点和时间，以及获取招标文件的办法等各项内容。其写作结构由开头、主体和结尾三部分组成：开头部分简要说明招标的目的或依据，招标项目的名称、规模、招标范围以及资金来源等内容；主体部分采用条文式或分段式结构，说明招标项目的详细情况及招标步骤、截止日期；结尾部分写明招标单位的联系方式。招标通告若是刊发在报纸上，也可不写日期。

3. 落款

落款处应写明招标单位名称及发文日期。

7.1.3　范文模板

×××公司招标通告

编号：××××

×××公司受××市×××公司委托，兹邀请合格供货商就×××项目所需的下列货物和技术进行密封投标，采用国际竞争性招标的招标程序。合同项目款将由×××银行贷款支付。

凡愿参加此次投标的投标商，请于×××年××月××日（星期六、日和节假日除外）起，每天上午8:00至11:00（北京时间）按下述地址到×××公司洽购招标文件。招标文件售后不退，标书价格为×××元人民币。

×××公司接受投标文件的截止时间为×××年××月××日下午3:00（北京时间），其后收到的投标文件恕不受理。

兹定于×××年××月××日下午3:00（北京时间）在×××公司××××楼公开开标。

地址：××××

电话：××××

传真：××××

邮箱：××××

联系人：×××

×××公司

×××年××月××日

7.2 国际工程总承包合同

7.2.1 含义与特点

国际工程承包,是指一个国家的政府部门、企业或项目所有人委托国外的工程承包商负责按规定的条件完成某项工程任务。国际工程承包是国际技术贸易的一种方式,也是国际劳务合作的一种方式。在这种合作中含有大量的技术转让内容,特别是在项目建设的后期,承包商要培训业主的技术人员,为其提供所需的技术知识,以保证项目的正常运行。所有这些都会被写进合同条款中,所以,国际工程承包合同是一种非常专业的合同。

国际工程总承包合同是针对工程总承包模式而言的,它是指就某一项工程项目的建设、完成和维修等全部工作,经招标、投标、评价、谈判等一系列过程,由该项目的业主和承建该项目的承包商之间所签订的合同。它是国际工程承包业务中最重要的合同形式。

这种合同的特点是责任重、风险大、利润高,所以只有资金、技术、信誉俱佳的承包商才有能力成为总承包商。

7.2.2 格式与写法

国际工程总承包合同通常由首部、正文、落款三部分组成。

1. 首部

首部包括标题和合同主体,如果合同主体只有两个,通常规定一方为甲方,另一方为乙方。

2. 正文

正文包括合同内容、合同金额、工期、移交场地、查看工地、履约保证金、图纸和规范、施工进度计划表、合同内容的变更、支付条件、信用证等内容。具体的条款需要经双方协商来确定。

3. 落款

落款处应注明合同各方当事人的单位名称及代表的姓名,并签字盖章,同时注明签订日期。

国际工程总承包合同并不采取单一的合同方式，而采取合同文件的形式，合同文件包括招标通知书、投标须知、合同条件、投标书、中标通知书和协议书等。按照国际上通用的合同条款，国际工程总承包合同一般包括以下内容：

（1）监理工程师和监理工程师代表权责条款

合同中需要规定，业主须将其任命的监理工程师及时通知承包商，监理工程师是业主的代理人。另外，业主应在监理工程师中选定监理工程师代表负责监督工程施工和处理合同履行过程中出现的问题。

（2）工程承包的转让和分包条款

合同通常规定，承包商未经业主或其代理人同意，不得将全部合同、合同的任何部分、合同的任何利益或权益转让给第三方。经业主或其代理人同意后，承包商方可把部分工程分包给他人，但原承包商仍对全部工程负责。

（3）承包商一般义务条款

根据合同规定，承包商应该负责工程项目的全部设计和施工，并无偿提供施工所必备的劳务、材料、机器设备及管理知识。

（4）特殊自然条件和人为障碍条款

一般来说，国际工程总承包合同的履行时间较长，在合同履行过程中，一些特殊的自然条件和人为因素可能会给工程的施工带来困难，此时必须采取一定的措施，而这样就会增加承包费用或推迟工程进度。以上问题须经监理工程师或监理工程师代表确认，之后业主才能偿付额外增加的费用或同意工程延期。

（5）竣工和推迟竣工条款

合同中要规定竣工时间和验收标准。工程完成且经监理工程师或其代表验收无误后，承包商获得竣工证明，标志工程项目已全部竣工。如果出现一些特殊情况如工程变更、自然条件变化、人为障碍使工程延误，则承包商经监理工程师同意，可以延长工程的竣工期限。

（6）专利权和专有技术条款

承包商或分包商须向业主提供专利和专有技术，并承担被第三方控告合同范围内的专利权不合法，以及专利权被第三方侵犯的责任。对于承包商提供的专有技术，双方应订立保密条款。

（7）维修条款

合同中的维修条款用来说明维修期限和维修费用的负担问题。维修期限一般从竣工证明签发之日起计算，在维修期限内，承包商应按监理工程师的要求，对工程缺陷进行维修、返工或弥补等。

（8）工程变更条款

合同签订后，业主或监理工程师有权改变合同中规定的工程项目要求，承包商应按变更后的工程项目要求进行施工。因工程变更增加或减少的费用，应在合同的总价中予以调整，工期也要相应改变。

（9）支付条款

支付条款主要涉及预付款、临时结算、支付期限、迟付加息，以及违约惩罚等内容。

除了上述条款，一般还需要订立仲裁条款、特殊风险条款等其他合同条款。

7.2.3　范文模板

××××工程总承包合同

甲方：××××

地址：××××

电话：××××

乙方：××××

地址：××××

电话：××××

鉴于甲方要兴建××××学校××××m²的办公楼，乙方提交报价已于××××年××月××日被××市××局招标委员会接受并中标。根据××国××部××××年××月××日第××议，双方缔约于下：

（一）合同内容

乙方要完全、准确地按照该合同条款、技术规范、设计图纸、工程量表、价格表及与合同条款有关的书面协议，在××市对××××学校

×××m²的办公楼（该工程为楼房，包括全套家具、设备、空调）进行施工。

乙方承认自己对合同的正文和附件已有正确的理解，并在此基础上同意缔约，按合同施工。

所有上述文件、附件均是本合同不可分割的组成部分。

（二）合同金额

本合同总金额为××××美元。

合同价格是固定的，它包括乙方为施工所承担的所有费用及各种税款，包括因施工不良而支出的工程维修费及在合同期内规定的保修费、保养费。乙方无权以任何理由要求增加合同价格，如市场物价上涨，货币价格浮动，生活费用提高，税法、关税及税务调整，以及在××国国内或国外新增加赋税等。

（三）工期

乙方必须根据本合同第××号附件的说明，在自移交场地之日起的××天内完成全部合同工程的施工……

（四）移交场地

根据甲方向乙方发出的通知进行工地交接，交接时需签订会谈纪要，双方各持一份……

（五）查看工地

乙方承认在签订合同之前已查看了土地及周围的环境，掌握了所有与工程施工有关或对施工有影响的情况……

（六）履约保证金

乙方应在被通知中标的第××天起的××天内，向甲方寄存履约保证金，金额为该合同总金额的……

（七）图纸和规范

甲方提交的任何技术说明、设计图纸，以及绘图中的所有错误或疏忽，随时可以更正……

（八）施工进度计划表

乙方自接收工地起，××天内向甲方递交一份施工计划，阐明为完成本合同工程所采用的方法……

（九）合同内容的变更

甲方有权调整合同内容，但增加或减少的工程量不得超过合同总金额的……

（十）支付条件

在乙方接收工地、提交履约保函并办完合同注册登记付税手续之后，甲方根据乙方的要求，向乙方支付……

（十一）信用证

对于本合同施工需要从国外进口的材料费、设备费，乙方可以用一家××国的银行所开的信用证兑换外汇……

…………

（十九）保护公共设施

如果在现场挖掘土方工作的过程中发现了电线、水管管道或者其他东西，乙方应立即停止挖掘工作……

（二十）文物和有价值的物品

在施工过程中发现文物和有价值的物品时，乙方在采取防止损坏、打碎的措施的同时应……

（二十一）停工

只有接到甲方的书面命令，乙方才可以停工。在停工期间，乙方负责保护……

（二十二）误期罚款

如果乙方不能按照合同中规定的期限，或在其他业已议定的期限内完成施工……

（二十三）废除合同

在不影响甲方取得误期罚款和赔偿权利的条件下，在遇到下列情况时，甲方有权废除合同，没收保证金……

…………

（三十）工人的工资和奖金

乙方负担工人的工资、奖金和补偿费。按劳动法、社会保险法及现有和将来要制定的其他法律和制度……

（三十一）合同机密

未经甲方事先书面同意，不允许乙方披露合同的细节，也不允许乙方在商业印刷品、专业印刷品或其他场合中披露这些细节……

（三十二）遵守法律条款和条例

乙方在执行合同过程中，应遵守××国的有效法律，特别是有关工程、工资、社会保障、工程保险、物资保险、运输工具保险的法律……

…………

（三十六）维修期

乙方要保证本合同规定的工程无瑕疵、施工良好，全部工程使用时要达到预期的目的……

（三十七）最终验收

在维修期结束前的适当时间，乙方须通知甲方，要求其确定检查和最终接收的日期……

（三十八）试验费用

乙方承担在××国国内外用于样品和试验的全部费用，根据本合同条款、技术规范和工程量表……

（三十九）乙方地址

合同开头填写的乙方地址变动时，乙方要保证通报。否则，可按原址与乙方通信，责任由乙方承担。

凡是涉及合同条款的书面通知，可以面呈，但在影印件上要签字，也可用挂号函件寄送，这种通知一经送交，就具有完全的法律效力。

（四十）合同文本

本合同用××语书写××份。甲方××份，乙方××份，分送××部××司、××司和××××总局各一份。

甲方（盖章）：××××	乙方（盖章）：××××
代表（签字）：×××	代表（签字）：×××
××××年××月××日	××××年××月××日

7.3　国际工程分包合同

7.3.1　含义与特点

国际工程分包合同是在承包商与业主签订了国际工程总承包合同之后，承包商与分包商之间订立的合同。也就是说，承包商将其从业主那里所承包的工程项目的一部分，或是其中的某一单项工程分包给分包商，这样不仅可以转嫁风险，还可以赚取管理费和高额利润。

在国际工程分包合同中，分包商须给其分包的工程提供材料、设备和劳务，为该项分包工程的完成承担一切责任。分包商并不直接和业主发生合同关系，但要承担承包商对业主承担的有关义务。

国际工程分包合同有以下三个特点：

一是分包合同由承包商制定，即由承包商挑选分包商。

二是强调承包商不能将全部工程分包出去，自己一定要执行主体工程合同。

三是对于被分包出去的部分工程，承包商在承包合同中应承担的责任和义务并不会减少。

7.3.2　格式与写法

国际工程分包合同通常由首部、正文、落款三部分组成。

1. 首部

首部包括标题和合同主体。关于合同主体，通常规定承包商为甲方，分包商为乙方。

2. 正文

正文包括工作范围、符合技术规范要求、劳动力、法定责任等内容。具体的条款需要经双方协商来确定。

3. 落款

落款处应注明承包商、分包商的名称及代表的姓名，并签字盖章，同时注明签订日期。

通常在签订国际工程分包合同时，都会遵循通行的合同范文，这些范文的条款比较齐全，签订合同的双方只需根据实际情况对条款进行删改就可以，这是常见的编制合同的方式。除此之外，也可以自行起草分包合同，然后再经双方协商。

7.3.3 范文模板

××××工程分包合同

甲方××××（以下简称承包商）和乙方××××（以下简称分包商），于××××年××月××日在××××订立本分包合同。鉴于承包商已与××国××××管理局（以下简称业主）就在××国的××号工程项目的设计、运输和施工签订了合同，鉴于分包商愿按该合同实施土建和安装工程而报了价，鉴于承包商已接受分包商的报价，依据分包商××××年××月××日第××号文件及其所附的报价表，现双方达成如下协议：

（一）下列文件应是本分包合同的组成部分

1. 合同的通用条款（××××年第××版）。

2. 合同的特殊条款。

3. ××××工程项目的技术规范。

4. 工作范围和技术要求。

5. 土建和安装工程分包合同的报价表。

（二）定义

1. "承包商"：系指甲方××××。

2. "分包商"：系指乙方××××和乙方××××将工程的任何部分转包给的任何专业公司或机构。

3. "承包商的工程师"：系指由承包商指派的监督分包商工作的人员。

4. "分包"：系指由分包商按本合同第三条"工作范围"规定而要执行的工作。

（三）工作范围

本工程在××国境内，根据业主的技术规定，建设××××工程项目，如图所示。

…………

（四）技术规范要求

熟悉业主技术规范的分包商，应按照业主的要求，承担属于分包工程范围内的与分包商有关的全部责任。

（五）劳动力

…………

（六）法定责任

分包商应对下列事项承担责任：

…………

（十一）运输

分包商应提供该分包工程施工及运送其人员往返工地所需要的全部运输车辆。

（十二）工具及设备

该分包工程施工和维修所需的全部工具，包括……

（十三）承包商材料的交付

承包商应负责交付材料，包括……

（十四）分包工程量

在该分包工程价格表中所列的工程量只是一个约数。如果工程量的变化范围在±××%之内，则单价不做任何变化；如果变化范围超过±××%，则应按总包合同一般条款中第××条规定处理。

（十五）承包商的监督

承包商将指定一位或几位工程师监督该项分包工程，分包商的人员应对其承担义务。

（十六）许可证和执照

承包商应帮助分包商获得分包商雇员所需的入境签证、居住证和劳动证。……

（十七）竣工及惩罚

根据双方同意的交付材料（不包括由分包商提供的材料）日程表，只要分包商能及时得到材料……

（十八）进度报告

分包商应按承包商同意的格式，呈送每周和每月的进度报表。

（十九）厂商证明书和试验报告

分包商应呈送用于该分包工程的水泥、钢筋、砂、砾石及任何其他材料的厂商证明书和试验报告……

…………

（二十三）如果在本合同签订之日起××天内业主表示同意本合同，本合同即生效。如果在上述日期内业主没有表示同意，本合同便无效，任何一方都不得向对方要求赔偿。

总包商（盖章）：××××	分包商（盖章）：××××
代表（签字）：×××	代表（签字）：×××
××××年××月××日	××××年××月××日

7.4　国际工程固定总价合同

7.4.1　含义与特点

国际工程固定总价合同的含义包括两层意思："固定"，是指这种价款一经约定，除业主增减工程量和变更设计方案外，一律不调整；"总价"，是指完成合同约定范围内的工程量以及为完成该工程量而实施的全部工作的总价款。

国际工程固定总价合同由于总价固定，价格上涨的风险主要由承包商来承担，所以这类合同在目前的建筑市场上比较流行。外资企业尤其喜欢采用这类合同，因为这类合同与固定单价合同、按实结算合同、成本加酬金合同相比具有明显的优势，更能保护业主的利益。

国际工程固定总价合同有以下三个特点：

（1）便于工程结算

由于合同中的总价固定，因此只要业主不改变合同施工内容，合同约定的价款就是业主与承包商最终的结算价款。对业主来说，这样的价款确定形式可以节省大量的计量、核价工作，从而能使其集中精力抓好工程进度和施工质量。

（2）承包商承担风险

对承包商来说，固定总价合同一经签订，承包商首先要承担的是价格风险。无论是投标时的询价失误，还是在合同履行过程中的价格上涨风险，均由承包商承担，业主不会给予补偿。

另外，承包商还要承担工程量风险。在固定总价合同中，业主往往只提供施工图纸和说明，承包商在报价时要自己计算工程量，再根据申报的综合单价得出合同总价。即便业主提供工程量清单，这份清单也仅仅可作为承包商投标报价的参考，业主往往声明不对工程量的计算错误负责。因此，承包商还要承担工程量漏算、错算的风险。

（3）承包商索赔机会少

在固定总价合同中，业主往往明确只有在业主增减工程量和变更设计方案时可以调整合同价款，这样一来，承包商索赔的机会就会大大减少，而业主对工程造价的控制就能做到使其基本不超出预算。

7.4.2　格式与写法

国际工程固定总价合同通常由首部、正文、落款三部分组成。

1. 首部
首部包括标题和合同主体。

2. 正文
正文包括工程概况及承包范围、合同价款与结算方式、合同工期、工程质量与验收、工程款支付方式，以及双方的责任等内容。具体的条款需要经双方协商来确定。

3. 落款
落款处应写明合同双方当事人的单位名称及代表的姓名，并签字盖章，同时写明签订日期。

7.4.3　范文模板

××××项目工程施工合同（固定总价）

甲方：××××

地址：××××

电话：××××

乙方：××××

地址：××××

电话：××××

依据《中华人民共和国合同法》《中华人民共和国建筑法》《建设工程勘察设计管理条例》及其他有关法律、法规之规定，遵循平等、自愿、公平和诚实信用的原则，甲乙双方就××××项目工程承包事项协商一致，特订立本合同，以资双方共同遵守。

（一）工程概况及承包范围

1. 工程名称：××××

2. 工程地点：××××

3. 承包范围：××××

4. 承包方式：××××

（二）合同价款与结算方式

1. 本合同为固定总价合同，合同固定总价为人民币××××万元。该合同总价包含……

2. 工程结算：本合同为固定总价合同，其合同总价已包含甲方确认的施工图、乙方投标报价所列内容及所涉及的各项费用……

3. 若在施工过程中，因甲方原因造成的设计方案变更，所差价款应在工程结算后支付……

（三）合同工期

本工程工期为自开工之日起××天内……

（四）工程质量与验收

1. 乙方应严格按照国家有关标准、施工验收规范和设计图纸要求以及甲方和监理的具体要求进行施工⋯⋯

2．工程质量要求达到国家或行业的质量检验评定的合格标准。达不到国家或行业验收标准的部分应⋯⋯

⋯⋯⋯⋯

（五）工程款支付方式

1．本合同不设工程预付款。

2．乙方完成本合同工程××%的工程量后，经甲方审核且书面确认后的××天内，甲方向乙方支付合同总价××%的工程进度款。

⋯⋯⋯⋯

（六）甲方责任

1．提供现有施工场地⋯⋯

2．提供经审核确认的施工设计图⋯⋯

3．协调总承包商为乙方提供材料堆放场地⋯⋯

4．协调总承包商为乙方提供施工所需的水、电⋯⋯

5．负责协调施工场地内交叉作业及施工场地周边单位的关系⋯⋯

6．负责对乙方施工的工程质量、工程进度、施工安全、文明施工等进行监督检查⋯⋯

7．协助乙方与总承包商签订施工配合协议及安全责任书⋯⋯

8．按合同有关条款支付乙方相应的工程款。

9．对乙方完工后的施工工程及时进行验收。

10．本合同所规定的其他责任。

（七）乙方责任

1．乙方应具备承接本合同项目工程的相关资质及能力，具备在本合同规定的合同工期内完成该工程的条件⋯⋯

2．遵守主管部门关于施工场地交通、施工噪音及安全文明施工的管理规定⋯⋯

3．及时回复和落实甲方的书面函件或工程联系单⋯⋯

4．负责本工程合同范围内的施工场地保护、施工照明、通风、施工安全⋯⋯

甲方（盖章）：××××　　　　乙方（盖章）：××××

　代表（签字）：×××　　　　　代表（签字）：×××

　××××年××月××日　　　　××××年××月××日

7.5 国际承包工程合伙合同

7.5.1 含义与特点

国际承包工程合伙合同，即两个或两个以上国家的合伙人，以承包商的名义，为共同承担某一项目工程的建设、维修等全部工作而签订的合同。

7.5.2 格式与写法

国际承包工程合伙合同一般由首部、正文、落款三部分组成。

1. 首部

首部要写明合伙人的名称，如果合同主体只有双方，则通常规定一方为甲方，另一方为乙方。

2. 正文

首先，简要说明合伙宗旨，即为什么要合作。其次，说明合伙经营项目与范围；合伙期限；出资额、出资方式及出资比例；盈余分配与债务承担；退伙；权利与义务；禁止行为；合伙期满；纠纷解决等内容。最后，说明有关补充协议的相关问题，如有必要，可以另行起草补充协议。具体的条款需要经双方协商来确定。

3. 落款

落款处要注明合伙人的名称及代表的姓名，并签字盖章，同时注明签订日期。

7.5.3　范文模板

××××承包工程合伙合同

合伙人：中国××××公司（以下简称甲方）

合伙人：××国××××公司（以下简称乙方）

甲乙双方经平等协商，就合伙承包××××工程事宜，达成如下一致意见，供双方信守。

（一）合伙宗旨

在合法合理的前提下，搞好工程建设，进而实现双方利润最大化。

（二）合伙经营项目与范围

1. 合伙项目以××××公司中标合同确认的项目内容及范围为准。

2. 甲乙双方合伙承包的项目，对外以××××公司的名义出现。

（三）合伙期限

合伙期限至合伙施工的项目完工，双方结算完毕为止。

（四）出资额、出资方式及出资比例

1. 甲方以现金出资，出资额为××××万元人民币。该款为启动项目的前期费用，占全部出资比例的××%。

2. 乙方以设备出资，占全部出资比例的××%。

（五）盈余分配与债务承担

1. 盈余分配以出资额为依据，按比例分配。

2. 合伙如产生债务，先由合伙财产偿还；合伙财产不足清偿时，以各合伙人的出资额为依据，按比例承担。

（六）退伙

1. 合伙期间，一方退伙将严重影响合伙项目建设进行的，不得退伙。

2. 退伙需要经对方同意，方可实行。

3. 未经合伙人同意而自行退伙，给合伙人造成损失的，应进行赔偿。

（七）权利与义务

1. 甲方为合伙期间的财务负责人，合伙项目的一切财务收入、支出均须经甲方同意方可进账与支出，同时，甲方参与合伙项目的日常管理。

2．乙方负责项目的工程管理、设备维护及当地社会关系的协调，并参与日常管理。

3．甲乙双方共同决定合伙重大事项。

（八）禁止行为

1．未经全体合伙人同意，禁止任何合伙人私自以合伙名义进行业务活动。

2．禁止合伙人在合伙不利时退伙。

（九）合伙期满

合伙期满，双方按合伙合同进行结算，盈亏均按比例分配、承担。

（十）纠纷解决

合伙人之间如发生纠纷，应共同协商，本着有利于合伙事业发展的原则予以解决。如协商不成，可以诉诸法院。

（十一）生效及补充

1．本协议自双方签字后生效，双方各执一份。

2．未尽事宜由双方另行协商，并订立补充协议。

甲方（盖章）：中国××××公司　　乙方（盖章）：××国××××公司

　　代表（签字）：×××　　　　　　　代表（签字）：×××

　　××××年××月××日　　　　　　××××年××月××日

第8章 涉外旅游类文书

涉外旅游类文书是涉外旅游机构或涉外旅游企业在办理涉外旅游事项时所使用的文书总称。涉外旅游类文书主要包括涉外旅游意向书、涉外旅游合同、涉外旅游委托书、涉外旅游接待计划、涉外旅游说明书、涉外旅游广告等，下面逐一进行介绍。

8.1 涉外旅游意向书

8.1.1 含义与特点

涉外旅游意向书通常是指两国涉外旅游机构或涉外旅游企业就某项涉外旅游活动达成一致意见后签订的文书。这种意向书只是表明一种意向，并非正式的协议，因此其约束力不是很强。

这种意向书通常有两种形式：一种是单独签署，即只需出具意向书的一方在意向书上签字盖章，因意向书是一式两份，另一方只要在意向书副本上签字盖章，然后双方交换，意向就算达成；另一种是联合签署，即有意向的双方均在意向书上签字盖章，双方各执一份为凭。

8.1.2 格式与写法

涉外旅游意向书通常由标题、正文、落款三部分组成。

1. 标题

涉外旅游意向书的标题可以直接写"意向书"三个字，也可以加上双方的单位名称及旅游业务，居中，独占一行。

2. 正文

涉外旅游意向书的正文主要包括签订意向书的涉外旅游机构名称、达成意向的涉外旅游业务、合作的范围和时间、双方的责任和义务，结尾还要写上文本形式及保存方法。

3. 落款

落款处由签订意向书的双方及代表签字盖章，并注明签订日期。

8.1.3　范文模板

意　向　书

甲方：××国××××旅游集团

乙方：××国××××旅行社

为拓展旅游市场，甲乙双方结合各自的资源优势，本着互惠互利的原则，经友好协商，达成如下合作意向：

（1）甲方委托乙方负责接待××××至××××年度甲方客户在××国境内的所有旅游活动。乙方愿意与甲方达成上述意向。

（2）乙方要及时为甲方提供××国境内最新的旅游价格信息。如有价格变动，乙方要及时通知甲方，以便甲方作出调整。

（3）乙方负责提供甲方客户在旅游期间的餐饮、住宿及旅游车辆，并承担相应的责任，保证甲方客户在旅游期间的相关安全。因乙方原因造成甲方损失的，乙方要给予甲方相应的赔偿。在因不可抗力因素和不可控制因素导致乙方无法履行约定的情况下，乙方不承担违约责任。

（4）在旅行过程中，自费项目及自行增加的景点所产生的费用由甲方客户自行结算，乙方不垫付。

（5）甲方以完成一次旅游活动为周期向乙方结算费用。

有关合作的具体事宜，甲乙双方在签署这一意向书后再另择时间详谈。

本意向书一式两份，盖章生效，甲乙双方各执一份备案。

甲方（盖章）：××国××旅游集团　乙方（盖章）：××国××旅行社

　　代表（签字）：×××　　　　　　代表（签字）：×××

　　××××年××月××日　　　　　××××年××月××日

8.2　涉外旅游合同

8.2.1　含义与特点

涉外旅游合同是指两国涉外旅游机构或涉外旅游企业就某项涉外旅游活动经过商谈后签订的协议。涉外旅游合同的分量要重于涉外旅游意向书。伴随涉外旅游业的不断发展，涉外旅游合同的应用越来越广泛。

8.2.2　格式与写法

涉外旅游合同通常由标题、正文、落款三部分组成。

1. 标题

标题可以简单写"旅游合同"四个字，也可以加上合同双方的单位名称和合作项目名称，居中，独占一行。

2. 正文

正文主要包括合同双方的单位名称、合作事项、合作范围及双方的责任和义务。

3. 落款

落款处应写明合同双方的单位名称及代表的姓名，并签字盖章，同时写明签订日期。

8.2.3 范文模板

旅游合同

甲方：××××旅行社

办公地址：××××

联系电话：××××

乙方：××××旅行社

办公地址：××××

联系电话：××××

为进一步发展出国和出境及境内旅游事业，甲乙双方根据各自国家涉外旅游管理相关规定，在平等自愿、友好协商的基础上签订本合同，共同遵守执行。

（1）甲方委托乙方在甲方的经营范围和获得的许可资格内，为其招徕国内旅游、出境旅游的旅游者。乙方自愿接受在甲方经营范围内的委托。

（2）甲方要保证具备委托乙方业务的全部合法资质，同时要保证提供的旅游产品不得含有任何违规内容。如有违反，则视为严重违约，乙方有权解除合同，并要求甲方赔偿。

（3）甲方要及时给乙方提供旅游产品线路计划和活动内容，以便乙方对旅游产品有清晰、准确的了解，同时，乙方要积极配合甲方活动。

（4）乙方有权根据甲方提供的旅游产品的性质，决定由乙方或乙方指定的第三方与游客（特指由乙方为甲方招徕的游客）签订由甲乙双方一致认可的旅游合同，对此，甲方要给予充分积极的配合。根据相关规定，旅游合同中应清晰写明提供旅游产品服务的旅行社名称、地址、联系人及联系电话等信息。

（5）在没有乙方书面同意的情况下，甲方不能将乙方招徕的游客资源转交给其他任何一家旅行社组织、接待。

....

（11）甲方有义务及时告知乙方旅游地域的法律法规、民风民俗及其他有关注意事项，同时也有义务告知甲方旅游产品的服务对象。

（12）甲方派出的领队、导游应具备旅游产品所要求的相应资质。同时，甲方要尽可能保证旅游期间游客的身体、财产安全。因甲方的失误造成游客身体、财产损失的，甲方应承担全部责任。

（13）甲方不得擅自改变行程，不得增加或减少约定的旅游项目，不能胁迫、诱导游客购物或参加自费项目，同时也不准向游客要小费，更不准组织游客参与违规违法或者有危险性的活动。若有违反，则视甲方为严重违约，甲方要承担由此引发的全部责任。

（14）如因游客人数、航班、天气及其他原因导致此次旅游活动有所变动，甲方要及时通知乙方，以便乙方及时安排协调。如甲方未及时通知乙方，造成乙方损失的，甲方要承担全部责任。

（15）甲乙双方各自提交营业执照和经营许可证复印件并加盖公章，留存作为本合同的附件，以备查询。

（16）甲乙双方的佣金费用以完成一次旅游活动为周期进行结算。具体计算方法见附页1。

甲乙双方要保证相互配合，本着互惠互利、诚实守信的原则，按照双方约定的事项提供服务，履行应尽的义务。有关双方合作的未尽事宜，可以再做补充，效力等同本合同。本合同一式两份，双方签字盖章生效，甲乙双方各执一份备案。

附页1：（略）

甲方（盖章）：××××旅行社　　乙方（盖章）：××××旅行社
　　代表（签字）：×××　　　　　　代表（签字）：×××
　　××××年××月××日　　　　　　××××年××月××日

8.3　涉外旅游委托书

8.3.1　含义与特点

涉外旅游委托书是指两国涉外旅游机构或涉外旅游企业就某项涉外旅游活动在商谈后由委托方出具的一种文书。

在涉外旅游活动中，涉外旅游委托书有着很广泛的应用，主要体现在两个方面：一方面是旅游热在全球兴起，跨国旅游的人越来越多；另一方面是两国涉外旅游机构或涉外旅游企业的合作会大大有助于双方境外旅游业务的拓展。因此，甲乙双方在经过前期有诚意的接触和谈判，并建立一种彼此信任的关系后，就可以采取这种互惠互利的委托合作模式。

8.3.2　格式与写法

涉外旅游委托书一般由标题、正文、落款三部分组成。

1. 标题

标题可以直接写"委托书"，居中，独占一行。

2. 正文

正文主要将委托的对象、事项、责任和义务写清楚。

3. 落款

落款处由签订委托书的双方及代表签字盖章，并注明签订日期。

8.3.3　范文模板

委 托 书

甲方：中国××××旅行社

地址：××××

乙方：××国××××旅行社

地址：××××

中国××××旅行社是一家有着悠久历史和良好口碑的旅行社，对外具有外联权和签证通知权，对内可组织全国范围内的旅游业务。为拓展旅游资源，打造更丰富的旅游形式，经友好协商，现委托××国××××旅行社为我旅行社在××国的宣传、推销、业务咨询代理。欲前往我国旅游的游客皆可前往咨询相关旅游事宜，××国××××旅行社定会认真作出答复。本委托书自签字盖章之日起××年内有效。

甲方（盖章）：中国××××旅行社　乙方（盖章）：××国××××旅行社

　　代表（签字）：×××　　　　　　　　代表（签字）：×××

　　　　××××年××月××日　　　　　　××××年××月××日

8.4　涉外旅游接待计划

8.4.1　含义与特点

　　涉外旅游接待计划是涉外旅游机构或涉外旅游企业为接待外国游客而制定的工作计划。涉外旅游接待计划主要是就外国游客的吃、穿、住、行、购物和参观游览活动所做的安排，是涉外旅游活动顺利进行的重要保障。

8.4.2　格式与写法

　　涉外旅游接待计划通常由标题、正文、落款三部分组成。

　　1．标题

　　标题可以直接写"旅游接待计划"，也可以加上要接待的对象和接待事项，居中，独占一行。

　　2．正文

　　正文主要写明接待计划的具体内容，包括接待的对象、时间、地点、服务内容及注意事项等。可以分条写，要求简洁有序、清晰明了。

　　3．落款

　　落款处要注明发文单位、负责人及联系方式，最后注明发文日期。

8.4.3　范文模板

关于接待××国××××旅游团的接待计划

组团社：中国××××旅行社

国籍：××国

语言：××语

接待标准：标准团

人数：男××人；女××人

时间：××××年××月××日至××××年××月××日

旅游用车：××××

住宿：××市××区××路××号××××宾馆标间

用餐：××××

导游：××人

门票：××××

保险：××××

旅游路线：××××

备注：××××年××月××日游客乘××××抵达××市，自行到达下榻宾馆。××××年××月××日自行离开××市。

中国××××旅行社
负责人：×××
联系方式：××××
××××年××月××日

8.5　涉外旅游说明书

8.5.1　含义与特点

　　涉外旅游说明书是指涉外旅游机构或涉外旅游企业向外国游客介绍关于旅游地点的历史、景观、地容地貌、风土人情及食宿、购物、交通等情况的介绍性应用文书，类似于"旅游指南"。

涉外旅游说明书一方面起到宣传旅游资源的作用；另一方面可以帮助游客了解旅游信息、选择旅游路线、安排旅游活动，可以说是中外游客的得力助手。随着旅游热的兴起，涉外旅游说明书也得到了广泛的应用。

8.5.2　格式与写法

涉外旅游说明书通常由标题、正文、结尾三部分组成。

1. 标题

涉外旅游说明书通常以游览地为题，后面加上"旅游说明书""旅游指南""览胜"等字样，居中，独占一行。标题要鲜明、醒目、有吸引力。

2. 正文

正文主要围绕旅游地区的景点进行介绍，可以根据实际需要先介绍一下景点概况，然后再逐一介绍不同的景点；也可从介绍某一有特点的景点入手，把游客的目光吸引住，然后再逐一介绍其他景点的情况。介绍时可以运用纵横交错的写法，纵向写景点的历史渊源，横向按照一定的顺序介绍景点的实貌、特点。可以采用比喻、拟人等修辞手法描写景点，但注意不要夸大其词，要如实介绍。

3. 结尾

结尾要将食宿、购物、交通及旅游行程交代清楚。最后，介绍旅游企业的名称、地址、联系人、联系方式等，以作联系之用。

同其他说明书一样，涉外旅游说明书应保证内容的真实性，介绍的景点情况要符合实际，涉及的史料应考核论证过，对一些典故、历史传说应该采用广为流传的、有根有据的版本，不要为了吸引游客而杜撰、篡改历史。

很多涉外旅游说明书中含有图表，如游览图、景点照片、费用价格表等。游览图是游客游览的指南，因此一定要清晰准确，线路、地名、沿途景点及里程都要标注清楚，以方便游客观看；景点照片要尽量精致美观，能充分体现景点的特点；费用价格表要简单清晰，让人一目了然。

8.5.3　范文模板

颐和园旅游指南（节选）

颐和园是中国现存规模最大、保存最完整的皇家园林，中国四大名园（另三座为承德避暑山庄、苏州拙政园、苏州留园）之一，位于北京市海淀区，距北京城区十五公里，占地约二百九十公顷。颐和园是以昆明湖、万寿山为基址，以杭州西湖风景为蓝本，汲取江南园林的某些设计手法和意境而建成的一座大型天然山水园，也是保存得最完整的一座皇家行宫御苑，被誉为皇家园林博物馆。

颐和园原是清朝帝王的行宫和花园，前身清漪园，为三山五园（三山是指万寿山、香山和玉泉山。三座山上分别建有清漪园、静宜园、静明园，此外还有附近的畅春园和圆明园，统称五园）中最后兴建的一座园林，始建于1750年，1764年建成，面积290公顷，水面约占四分之三。

清乾隆皇帝继位以前，在北京西郊一带，已建起了四座大型皇家园林，从海淀到香山，这四座园林自成体系，相互间缺乏有机的联系，中间的"瓮山泊"成了一片空旷地带。乾隆十五年（1750年），乾隆皇帝为孝敬其母孝圣皇后动用448万两白银将这里改建为清漪园，以此为中心把两边的四个园子连成一体，形成了从现清华园到香山长达二十公里的皇家园林区。

咸丰十年（1860年），清漪园被英法联军焚毁。光绪十四年（1888年），慈禧太后以筹措海军经费的名义动用银两（据专家考证，应为500至600万两白银），由样式雷的第七代传人雷廷昌主持重建，改称颐和园，作消夏游乐地。

到光绪二十六年（1900年），颐和园又遭八国联军的破坏，许多珍宝被劫掠一空，光绪二十九年（1903年）修复。后来在军阀混战时期又遭破坏，1949年之后政府不断拨款修缮。1961年3月4日，颐和园被公布为第一批全国重点文物保护单位，1998年11月被列入《世界遗产名录》。2007年5月8日，颐和园经国家旅游局正式批准为国家5A级旅游景区。2009年，颐和园入选中国世界纪录协会中国现存最大的皇家园林。颐和园拥有多项世界之最、中国之最。

颐和园导览图（略）

更多服务（略）

8.6　涉外旅游广告

8.6.1　含义与特点

涉外旅游广告是涉外旅游机构或涉外旅游企业向外国游客介绍旅游产品的一种宣传手段，这里仅指以文字和图画为主的文书形式。涉外旅游广告对宣传旅游产品、拓展旅游资源、提高旅游企业知名度有着很大的帮助。

涉外旅游广告要如实介绍旅游产品，不要夸大其词，更不要无中生有。涉外旅游广告一般没有固定的模式，要因人、因时、因地而异，忌千篇一律。要尽量突出旅游产品的独特之处，彰显其与众不同的魅力。语言要准确、简洁、醒目、易记、有概括性，同时文字要尽量优美、有影响力和感染力。

8.6.2　格式与写法

涉外旅游广告通常由标题、正文两部分组成。

1．标题
标题居中，独占一行。

2．正文
正文主要是对旅游产品的介绍，要尽量突出旅游产品的独特之处，以提高对外国游客的影响力和感染力。

8.6.3　范文模板

北京欢迎你

北京是全球拥有世界遗产最多的城市，是全球首个拥有世界地质公园的首都城市。北京对外开放的旅游景点达200多处，有世界上最大的皇宫紫禁城、祭天神庙天坛、皇家园林北海公园、颐和园和圆明园，还有八达岭长城、慕田峪长城及世界上最大的四合院恭王府等名胜古迹。

第9章
对外交往类文书

对外交往类文书是两国或两国以上的政府、党政机关、团体或其代表进行国际联络和外事活动使用的专用文书。这类文书主要应用于国家及其外交机关、派出机构、外交代表与他国及其外交主管机关之间，或国家与联合国等国际组织之间。

对外交往类文书是涉外文书中重要的一类，在写作时要秉持严肃认真的态度，措辞要严谨，表达要清晰，格式要遵循国际惯例，并体现对等原则。

对外交往类文书包括谈话、宣言、公告、声明、公报、外交讲话、照会等。

9.1　谈　话

9.1.1　含义与特点

在外交活动中，谈话与照会、声明一样，都是用于针对某一国际问题或重大事件公开表明本国立场、观点、态度和主张的一种宣告类涉外文书。

谈话与照会、声明的不同之处在于：

（1）一般情况下，照会以书面通信的方式送交给对方，而谈话、声明只在媒体上发表。

（2）谈话的语气比较缓和、委婉，而声明比较严肃、庄重。

9.1.2 格式与写法

谈话通常由标题、正文两部分组成。

1. 标题

标题由谈话人或发言人、事由和文种三部分组成，如"××国就××××问题发表谈话"。

标题下应注明发表谈话的具体日期。

2. 正文

在正文部分，首先要交代清楚相关情况，然后再说明针对某一问题或事件的立场、观点、态度和主张。

9.1.3 范文模板

外交部发言人就全国人大常委会审议通过香港国安法发表谈话

（2020年6月30日）

国务院港澳办和香港中联办已分别就十三届全国人大常委会第二十次会议通过《中华人民共和国香港特别行政区维护国家安全法》发表声明。

全国人大常委会制定香港国安法，并将该法列入香港基本法附件三，由香港特区在当地公布实施，这是香港恢复秩序、由乱及治的治本之策，是"一国两制"实践具有里程碑意义的大事，为维护国家主权、安全、发展利益，保障香港长治久安和长期繁荣稳定，确保"一国两制"实践行稳致远提供强大制度保障，充分反映了包括香港同胞在内的全体中国人民的共同意志。

香港国安法充分考虑维护国家安全的现实需要和香港特区的具体情况，从中央和香港特区两个层面就法律制度和执行机制作出系统全面的规定，维护了宪法和基本法确立的香港特区的宪制秩序，彰显了"一国两制"的内在要求。法律规管的是严重危害国家安全的四种犯罪行为，惩治的是极少数，保护的是绝大多数。法律实施后，香港的法律体系将更加完备，社会秩序将更加稳定，营商环境将更加良好，广大香港市民和国际投资者都将从中受益，我们对香港的光明未来充满信心。

香港是中国的特别行政区，香港事务属于中国内政。中国政府坚持贯彻"一国两制"方针的决心坚定不移，反对外部势力干预香港事务的决心坚定不移。任何势力、任何情况都动摇不了中国政府和中国人民维护国家主权安全、维护香港繁荣稳定的决心和意志，任何妄想利用香港危害中国主权、安全、发展利益的图谋都绝不会得逞。

9.2　宣　言

9.2.1　含义与特点

宣言，是指一个国家、政府、党政机关、团体等或其代表，在就某一国际问题或重大事件公开表明立场、观点、态度，或宣布所采取的方针、政策、原则等时，公开发表的一种宣告类涉外文书。

如果宣言由两国或两国以上的政府、党政机关、团体或其代表共同发表，则被称为"共同宣言"或"联合宣言"，如《联合国家共同宣言》与《开罗宣言》。有些联合宣言还具有条约的性质。

9.2.2　格式与写法

宣言通常由标题、正文两部分组成。

1. 标题

宣言的标题有不同的写法，但总体来说，主要有两种：一种由发文单位名称、事由和文种组成；另一种由发文单位名称、文种或事由、文种组成。

标题下应注明发表宣言的具体日期。

2. 正文

宣言的正文分导语和主体两部分。导语即导言，或写发表该宣言的根据、原则；或写发表联合宣言的各方名称、召开会议的情况及发表该宣言的根据、原则。主体用来说明宣言的内容，一般以条款的形式呈现。

9.2.3　范文模板

关于老挝中立的宣言

（一九六二年七月二十三日）

派遣代表参加一九六一——一九六二年解决老挝问题国际会议的大不列颠及北爱尔兰联合王国、中华人民共和国、印度共和国、加拿大、苏维埃社会主义共和国联盟、波兰人民共和国、法兰西共和国、美利坚合众国、柬埔寨王国、泰王国、越南民主共和国、越南共和国、缅甸联邦各国政府欢迎老挝王国政府一九六二年七月九日提出的中立声明，并且注意到这一声明，该声明经老挝王国政府同意列入本宣言为其构成部分，声明全文如下：

（声明全文从略）

确认一九五四年日内瓦协议中包含的尊重老挝王国主权、独立、统一、领土完整和不干涉其内政的原则；

强调尊重老挝王国中立的原则；

同意上述各原则是和平解决老挝问题的基础；

深信老挝王国的独立和中立将有助于老挝王国的和平民主发展和老挝王国民族和睦与团结的实现，并将有助于加强东南亚的和平与安全。

一、庄严声明，依照老挝王国政府在一九六二年七月九日的中立声明中所表示的老挝王国政府和人民的意志，它们承认、尊重并从各方面遵守老挝王国的主权、独立、中立、统一和领土完整。

二、特别承担以下义务：

（一）不以任何方式进行或参加任何直接或间接损害老挝王国的主权、独立、中立、统一或领土完整的行动；

（二）不使用武力或武力威胁，或采取任何其他可能损害老挝王国和平的措施；

（三）不对老挝王国的内政进行任何直接的或间接的干涉；

（四）不对它们可能提供的或老挝王国可能寻求的任何援助附加政治性条件；

（五）不以任何方式把老挝王国拉进任何军事同盟或任何其他与老挝中立不相容的军事性质的或非军事性质的协定，也不邀请或鼓励它加入任何这种同盟或缔结任何这种协定；

（六）尊重老挝王国不承认任何军事同盟或联盟，包括东南亚条约组织的保护的愿望；

（七）不以任何形式向老挝王国进入外国军队或军事人员，也不以任何方式便利或纵容任何外国军队或军事人员的进入；

（八）不在老挝王国建立，也不以任何方式便利或纵容在老挝王国建立任何外国军事基地、据点或其他任何种类的外国军事设施；

（九）不利用任何国家的领土，包括本国的领土，干涉老挝王国的内政。

三、吁请所有其他国家承认、尊重并从各方面遵守老挝王国的主权、独立和中立以及统一和领土完整，并且不采取任何与这些原则或与本宣言的其他规定不相符的行动。

四、承担义务，在一旦老挝王国的主权、独立、中立、统一或领土完整遭到破坏或破坏的威胁时，共同和老挝王国政府协商，并在它们自己之间协商，以便考虑为保证这些原则和本宣言的其他规定得到遵守所必需的措施。

五、本宣言自签字之日生效，并同老挝王国政府一九六二年七月九日的中立声明一起构成一项国际协定。本宣言由苏维埃社会主义共和国联盟政府和联合王国政府保存，并由两国政府将本宣言认证无误的副本分送其他各签字国和世界其他各国。

具名于下的各全权代表特签署本宣言以昭信守。

本宣言于一九六二年七月二十三日订于日内瓦，一式两份，每份用中文、俄文、英文、法文和老挝文写成，各种文本具有同等效力。

9.3 公 告

9.3.1 含义与特点

公告是政府、团体对重大事件当众正式公布的文件。国务院2012年7月1日起施行的《党政机关公文处理工作条例》对公告的使用表述为"适用于向国内外宣布重要事项或者法定事项"。由此可见，公告包含两方面的内容：

一是向国内外宣布重要事项，公布依据政策、法令采取的重大行动等；二是向国内外宣布法定事项，公布依据法律规定告知国内外的有关重要规定和重大行动等。

公告具有以下三个特点：

一是发文权力的限制性。由于公告宣布的是重大事项和法定事项，发文权力被限制在高层行政机关及其职能部门的范围之内，而其他地方行政机关通常不能发布公告。群团组织、社会团体、企事业单位也不能发布公告。

二是发布范围的广泛性。公告的发布范围有时是全国，有时是全世界。例如，中国曾以公告的形式公布中国科学院院士名单，一方面确立了他们在我国科学界的地位，另一方面尽力为他们争取在国际科学界的地位。

三是题材的重大性。公告的内容庄重严肃，体现着国家权力部门的威严，既要能够将有关信息和政策公之于众，又要考虑其在国内、国际可能产生的政治影响。

9.3.2 格式与写法

公告通常由标题、正文、落款三部分组成。

1. 标题

标题主要由发文机关和文种两部分组成。如果标题中只有文种，没有发文机关名称，那么在落款处一定要注明。

2. 正文

正文部分需要说明发公告的原因、主要的事项、告知的内容，这些内容可以以条款的形式呈现。在正文的结尾需要写明实施的期限、范围及违反后果等，也可以简洁地提出某种希望或警告，随后写上结束语，如"特此公告"等。

3. 落款

落款主要包括署名和日期。有些公告的标题中已有发文机关名称，且标题下已注明发文日期，则此处可省略。

9.3.3　范文模板

中华人民共和国外交部公告

（一九九九年十一月三十日）

　　中华人民共和国政府恢复对澳门行使主权后，为便利澳门特别行政区同世界各国和地区人员往来，从一九九九年十二月二十日起，目前可免办签证进入澳门的国家及地区的人员进入澳门特别行政区，原则上继续给予免办签证待遇。根据《中华人民共和国澳门特别行政区基本法》第139条"对世界各国或各地区的人入境、逗留和离境，澳门特别行政区政府可实行出入境管制"的规定，给予免办签证待遇的国家和地区以及非免办签证国家人员申办赴澳签证的具体办法，将由澳门特别行政区政府决定并予公布。

　　外国人前往中国内地及香港特别行政区，需办理签证的仍应按现行有关规定申请签证，办理必要的手续。

9.4　声　明

9.4.1　含义与特点

　　声明，是指国家、政府或其代表在就某一涉外问题或事件表明立场、观点、态度和主张时发表的一种宣告类涉外文书。与宣言类似，由两个或两个以上的国家、政府共同发表的声明被称为"联合声明"或"共同声明"。

9.4.2　格式与写法

　　声明通常由标题、正文、落款三部分组成。

1. 标题

　　标题一般由声明方名称、事由和文种组成，如"××国关于××××的声明"。若是联合声明，则应由声明方各方名称、事由和文种组成，如"××国和××国关于××××的联合声明"。发表声明的日期应写在标题下方,并用括号括起来。

2. 正文

正文为声明的主要内容,包括有关事件的具体情况,以及声明方对其持有的立场、观点、态度和主张。

3. 落款

落款处要注明声明方的名称,如果是联合声明,则要注明声明方各方的名称。但是,如果标题中已有声明方的名称,则此处可省略。

9.4.3 范文模板

中华人民共和国和匈牙利关于建立全面战略伙伴关系的联合声明

(2017年5月13日)

匈牙利总理欧尔班·维克多于2017年5月12日至16日应邀来华出席"一带一路"国际合作高峰论坛,并对华进行正式访问。5月13日,习近平主席会见欧尔班·维克多总理。双方认为,进一步深化中匈关系符合两国利益,一致同意建立全面战略伙伴关系。访问期间,李克强总理同欧尔班·维克多总理举行会谈,全国人民代表大会常务委员会委员长张德江会见欧尔班·维克多总理。

一、中匈视彼此为长期稳定的战略伙伴,视彼此发展为互利共赢的重要机遇,双方愿本着相互尊重、平等相待、互利共赢的原则,不断巩固政治互信,加强在政治、经济、社会、文化等各领域合作,深化在国际和地区事务中的协调与配合,全方位提升双边关系水平,造福两国人民。

二、双方强调高层交往对双边关系发展的重要引领作用,同意密切两国高层交往,加强两国中央和地方政府、立法机构及政党间各级别的交流与合作。

三、双方重申,尊重对方主权和领土完整、核心利益和重大关切。匈方重申奉行一个中国原则,反对任何损害中国主权和领土完整的言论和行为。中方高度赞赏匈方正确立场。

四、双方尊重彼此根据各自国情选择的发展道路和内外政策。匈方高度评价中国改革开放以来取得的伟大成就,赞赏习近平主席提出的实现中华民族伟大复兴的中国梦,相信这一进程将给世界带来更多发展机遇。中方高度评价匈方独立的外交和经济政策，事实证明在快速演变的世界中，匈方有关政策取得成功并使匈牙利更加强大。

五、双方致力于在中国提出的"丝绸之路经济带"和"21世纪海上丝绸之路"（以下简称"一带一路"）和匈方提出的"向东开放"政策框架下共同推动双边合作。双方将以两国政府签署的共建"一带一路"谅解备忘录为基础，以双边"一带一路"工作组会议为重要平台，根据实际需要及时召开工作组会议，加强各自发展战略对接、规划对接，共同编制并实施《中匈"一带一路"建设合作规划纲要》，筹建中匈"一带一路"合作促进中心，拓展和深化务实合作，共同保障两国有关合作项目安全顺利推进，实现双方和平、可持续发展和共同繁荣。

六、双方将进一步密切各层级、各领域的交流与合作。双方将充分发挥两国政府间经济联委会、农业高级别工作组和科技联委会年度会议的作用，努力扩大贸易和双向投资规模，优化贸易结构，继续深化在经济、基础设施建设、交通物流、电信、能源、化工、汽车制造、民航、农业、食品加工、电子商务、科技、水利、环保、展览等领域合作。双方愿共同推进匈塞（尔维亚）铁路（匈牙利段）项目建设。双方同意在已签署的产能合作框架协议基础上，充分发挥联合指导委员会的作用，推动两国产能合作。双方将各自为对方国家产品和服务进入本国市场提供更加便利的条件，继续鼓励和支持各自企业赴对方国家投资并为对方企业在各自国家开展业务提供便利和支持。双方将共同努力，加强中小企业合作，鼓励双方企业探索开展第三方合作。

七、双方愿进一步加强两国金融合作，推动在双边贸易和投资中使用本币结算，鼓励两国金融机构为贸易和投资合作提供融资支持和金融服务。中方欢迎匈牙利成为亚投行的意向成员。

八、双方愿意继续加强在文化、教育、体育、旅游等人文领域的交流合作，扩大互派留学生规模，推动两国青年的友好交往，拓展影视、智库、媒体等新兴领域合作。双方同意进一步加强卫生领域合作，支持中医药在匈牙利及中东欧地区的推广应用，包括在布达佩斯建立中东欧中医医疗教育和研究中心。中方欢迎匈方为中国公民赴匈牙利旅游、经商出台的签证便利措施，双方愿继续提高各自签证便利化水平，为双方人员往来创造更多有利条件。

九、双方认为，中国—中东欧国家合作有效促进务实合作与人文交流，已成为中国与中东欧国家深化友好互利合作的重要平台。中国—中东欧国家合作对接欧盟重大倡议，促进中欧全面战略伙伴关系发展。中方赞赏匈方为推动中国—中东欧国家合作发展作出的贡献，支持匈方举办第六次中国—中东欧国家领导人会晤，并在中国—中东欧国家合作机制内的旅游、卫生、人文等领域发挥更加重要的作用。双方愿本着开放包容和互利共赢的原则，加强沟通和协调，共同促进中国—中东欧国家合作取得更大发展。

十、双方认为，中欧都是国际舞台上的重要力量，是推动世界和平、稳定与繁荣，应对全球性挑战的重要合作伙伴。双方支持全面落实《中欧合作2020战略规划》，推进建设中欧和平、增长、改革、文明四大伙伴关系，深化互利共赢的全面战略伙伴关系。双方将继续推动中欧开展各领域对话、交流与合作，支持"一带一路"倡议与欧洲投资计划的对接，支持亚欧会议及中欧互联互通平台下的互联互通合作。中方赞赏匈方为促进中欧伙伴关系、中欧合作所作出的贡献。匈方支持欧盟与中方一道，维护和促进自由、开放、包容的多边贸易体系，共同反对贸易投资保护主义，尽早达成中欧投资协定。

十一、双方主张遵循《联合国宪章》的宗旨和原则，愿加强在联合国及其他国际组织中的合作，促进世界和平与安全，推动落实2030年可持续发展议程。双方支持联合国在维护世界和平与安全、促进各国发展、和平解决国际争端、应对人类共同面临的问题方面发挥主导作用，支持对联合国进行改革，以能够应对当前和未来的挑战。双方主张世界各国在平等互信、包容互鉴、合作共赢的基础上共同维护世界和平、促进世界可持续发展。

十二、双方谴责并反对一切形式的恐怖主义，强调打击恐怖主义和极端主义需要更加强有力的国际合作，进一步努力消除恐怖主义和极端主义的政治、经济和社会根源。双方愿在反恐领域开展对话与合作，相互支持，共同维护两国及地区安全稳定。

9.5 公 报

9.5.1 含义与特点

公报，是指由两个或两个以上的国家或政府、政党、团体等代表在举行会谈或会议后，发表的关于会谈或会议进展、经过或达成协议等情况的宣告类涉外文书。

有时，公告还包含有关国家间相互权利和义务的协议，具有条约性质。

9.5.2 格式与写法

公报主要由标题、正文、落款三部分组成。

1. 标题

常见的公报标题有三种形式：一是只写文种；二是由会议名称和文种组成；三是联合公报，由发表公报的双方或多方国家名称、事由和文种组成。

在标题的下方，一定要写上发文日期，并将其用括号括起来。

2. 正文

正文一般包括开头、主体两部分。开头部分，即前言部分，要精炼地概述事件的核心内容，即在何时、何地，发生了什么重大事件。主体部分要讲公报的核心内容，即要把公报的内容完整、系统、有序地表达清楚。一般有三种撰写方法：一是分段式，每一段阐述一层意思或一项决定；二是序号式，多用于内容复杂、问题较多的公报；三是条款式，多用于联合公报。

3. 落款

落款处应写明发文者名称及发文日期。若标题中已有发文者名称，且标题下已有发文日期，则此处可省略。

9.5.3　范文模板

中华人民共和国和阿尔及利亚民主人民共和国关于建立全面战略伙伴关系的
联合公报

（2014年2月24日）

中华人民共和国和阿尔及利亚民主人民共和国自1958年12月20日建交以来，两国传统友好关系在相互尊重、合作与团结的基础上积极、稳步发展，各领域务实合作不断拓展、深化。

两国于2004年2月4日发表《中华人民共和国和阿尔及利亚民主人民共和国新闻公报》，宣布建立中阿战略合作关系，两国关系实现质的提升。

在中阿建交55周年之际和中阿战略合作关系建立十周年之际，双方高度评价各领域双边关系取得的卓越成就，认为有必要不断发展、提升双边合作水平，实现互利共赢，使友好的两国和两国人民取得更大的进步、繁荣和发展。

双方强调，面对当前国际和地区形势的发展，以及发展中国家面临的挑战，两国应继续开展协调与磋商，为维护世界和平与安全，推动建立公正、合理的国际秩序发挥关键作用。

为此，中华人民共和国主席习近平与阿尔及利亚民主人民共和国总统阿卜杜勒阿齐兹·布特弗利卡决定，建立中阿全面战略伙伴关系。

这一伙伴关系旨在通过制度化机制，密切各层次政治对话，对双边各领域合作进行协调、规划和评估，深化两国经济、科技、军事、安全及航天技术等各领域合作，扩大两国人民之间的人文和社会交流，实现两国人民的期待，服务于两国的共同利益。

9.6　外交讲话

9.6.1　含义与特点

外交讲话，是指一个国家的领导人或代表在出访、接待来访、参加有关国际性会议或在其他涉外工作场合中，对于某些重大国际问题或两国之间的双边关系等，为表明立场、观点、见解、意见和主张所做的发言，是一种很常见的涉外文书。

9.6.2　格式与写法

外交讲话通常由标题、称谓、正文、结尾四部分组成。

1. 标题

外交讲话的标题有两种写法：

一是单行标题。由讲话人姓名、会议名称和文种组成，如"×××同志在××××会议上的讲话"；也可以省略讲话人姓名，如"在中华人民共和国澳门特别行政区成立庆祝大会上的讲话"。

二是多行标题。其写法是：将主要内容或中心思想概括为一句话作为主标题，再由讲话人姓名、会议名称和文种组成副标题，如"把××××工作认真抓起来——×××同志在××××会议上的讲话"。

将讲话当天的日期加上括号置于标题下方。

2. 称谓

根据会议的性质、与会者的身份分别使用不同的称谓，如"女士们，先生们""各位记者朋友"等。

3. 正文

这部分是讲话的核心部分，应主题明确、内容充实、层次清楚、表达通畅、文字准确。正文包括开头和主体两部分。开头部分主要写讲话的背景、讲话人的感受，以及感谢、问候之类的内容；主体部分则写讲话的具体内容。

外交讲话的主体，因会议不同、讲话人的身份不同、内容侧重点不同、先后讲话的次序不同，其写法也会有较大的差异。

4. 结尾

一般有自然结束和专门交代两种结尾方式。自然结束不用专门的结束语，但听众都能听得出来，讲话到这里就结束了。专门交代则使用模式化的结束语。

9.6.3 范文模板

王毅在金砖国家领导人第九次会晤和新兴市场国家与发展中国家对话会中外
媒体吹风会上的讲话（节选）

（2017年8月30日）

各位记者朋友：

大家上午好！

今天是8月30日，再过3天，金砖国家领导人第九次会晤将拉开帷幕。习近平主席将同金砖国家领导人一道，就金砖合作及共同关心的问题深入交换看法。会晤期间，中方还将举办新兴市场国家与发展中国家对话会。金砖五国以及埃及、几内亚、墨西哥、塔吉克斯坦、泰国的领导人将齐聚厦门，共商新兴市场和发展中国家合作大计。

首先，我想在这里告诉大家，中国已经做好准备，厦门已经做好准备，美丽的"鹭岛"正在期盼各国贵宾的到来。

我先向大家介绍一下会晤期间的主要活动。

…………

金砖"中国年"的活动丰富多彩，纵贯全年，为厦门会晤进行了充分准备，为会晤取得成功奠定了坚实基础，也为金砖合作进入第二个"金色十年"注入强大活力。围绕厦门会晤的成果，我要告诉各位的是，有5个方面值得期待。

第一，形成更强大的发展合力。今年我们聚焦关键领域，在经济合作方面达成30多项具体成果。为挖掘经济增长新动力，积极抢抓新工业革命的历史机遇，五国共同制定了《金砖国家创新合作行动计划》。为提振贸易投资对经济增长的引擎作用，五国达成了一系列重要成果，包括《金砖国家服务贸易合作路线图》《金砖国家投资便利化纲要》《金砖国家知识产权行动计划》《金砖国家经济技术合作框架》，并将成立示范电子口岸网络和电子商务工作组。为加强金融市场互联互通，五国在新开发银行和应急储备安排机制建设、金融机构网络化、政府和社会资本合作、本币债券市场等方面达成了诸多共识。这一系列成果，有利于五国加强宏观经济政策协调和发展战略对接，有利于五国促进经济结构调整和转型升级，有利于五国朝着贸易投资大市场、货币金融大流通、基础设施大联通的目标不断迈进。

第二，发出更响亮的金砖声音。习近平主席在二十国集团领导人汉堡峰会期间主持召开金砖国家领导人非正式会晤，首次发表新闻公报，呼吁建设开放型世界经济，完善全球经济治理，引导了二十国集团峰会的讨论。我们还成功举行了安全事务高级代表会议、外长正式会晤，发出坚定奉行多边主义，共同维护世界和平稳定的一致声音。我们建立了五国常驻纽约、日内瓦、维也纳代表定期会晤机制，及时就重大问题做集体发言，增强了金砖国家在国际事务中的话语权，具有标志性意义。我们还举行了反恐工作组会议、网络安全工作组会议、维和事务磋商、中东特使会议等活动，推动政治安全领域合作全面铺开，取得显著成效。

第三，打造更牢固的社会根基。我们积极落实领导人共识，将人文交流作为金砖合作重点之一，支持各行各业开展形式多样的友好交往，夯实金砖合作的民意和社会基础。包括首次召开金砖国家运动会，首次联合拍摄电影，还将首次举办金砖国家文化节。我们还举办了媒体高端论坛、电影节、传统医药高级别会议、青年外交官论坛等活动，成为金砖"中国年"的一大亮点，五国人民真切感受到了金砖合作的魅力和活力，增进了人民之间的相互了解和友谊，产生了积极广泛的社会影响。厦门会晤期间，领导人将继续就加强人文交流凝聚共识。我们的共同目标是不断汇聚金砖合作的民意支撑，让金砖伙伴关系深入人心。

第四，构建更广泛的伙伴关系。金砖合作的意义已远远超出五国，具有全球性影响。特别是在当前形势下，通过金砖平台推动新兴市场和发展中国家加强团结合作，符合各国共同利益。为此，中方在总结过去成功经验的基础上，提出"金砖+"合作思路，推动构建更广泛伙伴关系。这个思路一经提出，得到其他新兴市场和发展中国家的普遍欢迎，也引起学术界热烈讨论。很多人都认为，"金砖+"有助于增添金砖活力，有助于促进新兴市场和发展中国家共同发展，有助于建设开放、包容、普惠、共赢的经济全球化。厦门会晤期间，中方将举行新兴市场国家与发展中国家对话会，首次从全球范围内邀请5个新兴市场和发展中国家领导人出席，与金砖国家领导人一道，聚焦落实2030年可持续发展议程，推动建设具有全球影响的南南合作及国际发展合作平台。

第五，形成更有力的机制建设。在中方推动和各方配合下，今年金砖机制建设向更加规范方向迈进。我们从会议组织、活动设计着手，强化金砖国家协调人职能，有效推动各领域合作成果落实，使金砖机制运转更加顺畅。五国还将启动电子商务工作组、博物馆联盟、美术馆联盟、图书馆联盟等新的合作平台。我愿告诉大家，几天前新开发银行非洲区域中心已经在南非成立，银行项目准备基金也即将运行，打造全球性开发机构的步伐正在加快。所有这些，都将为金砖合作第二个十年架起更加稳固的机制支撑，使金砖机制更好地与时俱进，行稳致远。

上述5个方面成果紧扣世界经济和国际形势的发展，紧扣金砖国家和广大新兴市场和发展中国家的共同需要，既体现了雄心水平，又兼顾可行性和务实功能，将为深化金砖伙伴关系、开启金砖合作第二个"金色十年"奠定坚实基础。

各位记者朋友，

厦门是著名的"海上花园"，也是中国改革开放的前沿，传统现代相互激荡，中外文化交融并蓄。我相信，当金砖遇上厦门，一定会发生很多精彩的故事。在各方共同努力下，厦门会晤将是一场留下鲜明历史印记的会晤，一场开启崭新合作历程的会晤。就像会晤会标所寓示的，金砖国家的合作之船、友谊之船，将顺应时代潮流，扬帆起航，驶向更加美好的明天！

谢谢大家。

9.7 照 会

9.7.1 含义与特点

照会是指一国政府将自己对于彼此相关的事件的意见通知另一国政府的一种涉外文书，是涉外活动的一种重要手段。照会分为正式照会和普通照会。正式照会往往以国家元首、政府首脑、外交部长、大使、特使、代办、临时代办的名义签发，一般用于处理重要事务或履行重要的外交礼节。普通照会往往以外交部及外交代表机关的名义签发，适用于外交部和外交代表机关之间行政性、事务性的通知。

照会的使用及其内容涉及国家的形象、立场及国家之间的关系，因此一定要慎重对待。

9.7.2 格式与写法

正式照会的行文一般采用第一人称写法，发文者和受文者均为个人，发文者需要签名，但不需要加盖机关印章。普通照会的行文常采用第三人称写法，发文者和受文者均为机关，发文者不需要签名，但需要加盖机关印章。行文中第一次出现的己方、对方等名称，应使用全称，后面可根据情况使用习惯简称。

照会一般由标题、称谓、正文、落款四部分组成。

1. 标题

照会的标题通常包括发文者的名称、照会事项、受文者的名称和文种，有时，受文者的名称可以省略。有的照会不设置标题，有的照会还有编号。

2. 称谓

照会的称谓有的是机关单位，有的是个人，称谓顶格写，并在后面加上冒号。

3. 正文

照会的正文通常可分为开头、主体、结语三部分。开头部分一般有两种情况：一种是发文者向受文者表示致意；另一种是概述发出照会的缘由。另外，开头部分常使用一些套语，如"谨通知如下""特照会如下"。主体部分交代此次照会的具体内容。结语部分通常再次向受文者表示致意，常常用"顺致最崇高的敬意"之类的用语。敬语要另起一行，独立成段。

4. 落款

落款处通常写上发文者的名称，下面再写上发文日期和地点。若是正式照会，则只签名，不加盖机关印章；若是普通照会，则不签名，但要加盖机关印章。

9.7.3 范文模板

范文模板一：正式照会

中华人民共和国国务院总理

周恩来同志：

我们谨郑重地通知您，总理同志，越南民主共和国政府承认和赞同中华人民共和国政府一九五八年九月四日关于领海决定的声明。

越南民主共和国政府尊重这项决定，并将指示负有职责的国家机关，凡在海面上和中华人民共和国发生关系时要严格尊重中国领海宽度为十二海里的规定。

我们谨向总理同志致以最崇高的敬意。

越南民主共和国政府总理范文同

一九五八年九月十四日于河内

范文模板二：普通照会

中国外交部给印度驻华大使馆的照会

印度驻华大使馆：

中华人民共和国外交部向印度驻华大使馆致意，并谨申述如下，请大使馆转达印度政府。

1954年4月29日签订的中华人民共和国和印度共和国关于中国西藏地方和印度之间的通商和交通协定，于同年6月3日经双方批准后生效。该协定的有效期，按协定第六条的规定为8年，因此，它将于1962年6月3日期满失效。

为了巩固和发展中印两国人民之间的传统友谊，促进两国之间的经济和文化交流起见，中国政府建议：中印两国政府举行谈判，以便根据互相尊重领土主权、互不侵犯、互不干涉内政、平等互惠、和平共处五项原则，缔结一个新的通商和交通协定，来代替原有的协定。中国政府希望得到印度政府对于这一建议的答复。

顺致最崇高的敬意。

中华人民共和国外交部

1961年12月3日于北京

涉外契约类文书是国家在对外交往过程中经常使用的文体，它用书面的形式将双方或多方在经贸、政治及军事交往中商定的有关事项记载下来，作为共同履行的凭证，具有一定的约束力。

常见的涉外契约类文书有公约、条约、协定、谅解备忘录、换文、议定书等。可以说，这些文书是国家之间正常交往的保证，它约束着签约国的一些行为，规范着彼此的利益。而且，一个国家的履约能力在一定程度上也体现了其信誉度。所以，这类文书在国家对外交往中具有十分重要的作用。

10.1 公 约

10.1.1 含义与特点

公约是指许多国家在为解决某一重大国际问题而举行的国际会议上缔结的多边条约，如《联合国海洋法公约》《维也纳外交关系公约》。公约的内容大多涉及国际间经济、技术或法律等方面的问题，用来规定其缔约国在这些问题上共同遵守的行为规则和其他制度。

公约是一种常见的涉外企契约类文书，它有一个最大的特点，就是一致认同性。通常，有弃权票不影响公约的通过，但否决票则影响公约的通过，即每个制定者拥有"一票否决权"。有时也存在特殊情况，即在有否决票的情况下可以强制通过公约，但投否决票者可以选择不加入该公约。

10.1.2　格式与写法

公约一般由标题、签约日期及会议名称、正文三部分组成。

1. 标题

公约的标题主要有三种：一是由事由和文种组成，比如"和平解决国际争端公约"；或由地名和文种组成，如"海牙公约"；或由地域范围和文种组成，如"北大西洋公约"。二是由地名、事由和文种组成，或由组织名称、事由和文种组成，如"联合国海洋法公约"。三是由年代、组织名称、事由和文种组成。

2. 签约日期及会议名称

有的公约会注明签约日期及会议名称，有的只注明签约日期，一般写在标题之下，需要用括号括起来。

3. 正文

正文由前言和主体两部分组成：前言部分要说明制定公约的依据、目的等；主体部分要阐述公约的具体内容。

10.1.3　范文模板

维也纳外交关系公约（节选）

（1961年4月18日）

本公约各当事国：

鉴于各国人民自古即已确认外交代表之地位，察及联合国宪章之宗旨及原则中有各国主权平等、维持国际和平与安全，以及促进国际间友好关系等项，深信关于外交往来、特权及豁免之国际公约当能有助于各国间友好关系之发展——此项关系对于各国宪政及社会制度之差异，在所不问，确认此等特权与豁免之目的不在于给予个人以利益而在于确保代表国家之使馆能有效执行职务。

重申凡未经本公约明文规定之问题应继续适用国际习惯法之规则，爰议定条款如下：

第一条

就适用本公约而言，下列名称之意义，应依下列规定：

…………

第二条

国与国间外交关系及常设使馆之建立，以协议为之。

第三条

一、除其他事项外，使馆之职务如下：

…………

第四条

一、派遣国对于拟派驻接受国之使馆馆长人选务须查明其确已获得接受国之同意。

二、接受国无须向派遣国说明不予同意之理由。

…………

第七条

除第五条、第八条、第九条及第十一条另有规定外，派遣国得自由委派使馆职员。关于陆、海、空军武官，接受国得要求先行提名，征求该国同意。

第八条

一、使馆外交职员原则上应属派遣国国籍。

二、委派属接受国国籍之人为使馆外交职员，非经接受国同意，不得为之，此项同意得随时撤销之。

三、接受国对于第三国国民之亦非为派遣国国民者，得保留同样之权利。

…………

第十四条

一、使馆馆长分为如下三级：

（甲）向国家元首派遣之大使或教廷大使，及其他同等级位之使馆馆长；

（乙）向国家元首派遣之使节、公使及教廷公使；

（丙）向外交部长派遣之代办。

二、除关于优先地位及礼仪之事项外，各使馆馆长不应因其所属等级而有任何差别。

第十五条

使馆馆长所属之等级应由关系国家商定之。

…………

第二十一条

一、接受国应便利派遣国依照接受国法律在其境内置备派遣国使馆所需之馆舍，或协助派遣国以其他方法获得房舍。

二、接受国遇必要时，并应协助使馆为其人员获得适当之房舍。

…………

第二十八条

使馆办理公务所收之规费及手续费免征一切捐税。

…………

第三十五条

接受国对外交代表应免除一切个人劳务及所有各种公共服务，并应免除关于征用、军事募捐及屯宿等之军事义务。

…………

第四十二条

外交代表不应在接受国内为私人利益从事任何专业或商业活动。

…………

第五十三条

本公约之原本应交联合国秘书长存放，其中文、英文、法文、俄文及西班牙文各本同一作准；秘书长应将各文正式副本分送所有属于第四十八条所称四类之一之国家。

为此，下列全权代表，各秉本国政府正式授予签字之权，谨签字于本公约，以昭信守。

公历1961年4月18日订于维也纳。

10.2 条 约

10.2.1 含义与特点

从广义上讲，条约是指不论以什么名称出现的，两个国家或多个国家之间签订的，确定签约国在政治、军事、经济或文化等关系方面的权利和义务的各种国际协议的总称，包括和约、公约、协定、宪章等国际契约。

从狭义上讲，条约是指国际书面协议中以条约为名称的协议，如互助条约、和平友好条约、互不侵犯条约等，它一般适用于国家间比较重大的政治、军事、经济、法律等问题。由两个国家签订的条约称"双边条约"；由三个或三个以上国家签订的条约称"多边条约"。

10.2.2 格式与写法

条约通常由标题、正文、落款三部分组成。

1. 标题

条约的标题有三种写法：一是由事由和文种组成；二是由地名和文种组成；三是由签约国名称、事由和文种组成。

2. 正文

正文主要包括前言、主体、结尾三部分。

前言部分主要写签约国名称、签约目的或宗旨，签约时双方或多方指派的代表的姓名和职务，以及"经过谈判，认可同意缔结下列条款"等文字内容。

作为条约的核心部分，主体部分包括条约的实质性条款、一般条款、特殊条款及执行有关条款的具体办法和规定。

结尾部分写兜底条款或补充条款，包括条约须经批准、批准书互换地点、生效日期、有效日期、文本及保管等内容。

3. 落款

落款处应注明签约各方代表的姓名与职务。

10.2.3　范文模板

中华人民共和国和巴基斯坦伊斯兰共和国睦邻友好合作条约

中华人民共和国和巴基斯坦伊斯兰共和国（以下简称"缔约双方"），坚信双方全面加强睦邻友好与互利合作符合两国和两国人民的根本利益，有利于本地区和世界的和平、稳定和发展，重申2003年两国元首签署的《中巴关于双边合作发展方向的联合宣言》对深化双边关系具有重要指导意义，确认各自根据《联合国宪章》和其他双方参加的国际条约规定所承担的义务，同意有必要在业已存在的传统友好合作关系基础上，进一步发展两国更加紧密的战略合作伙伴关系，兹达成协议如下：

第一条

缔约双方根据公认的国际法原则和准则，本着和平共处五项原则积极发展和巩固两国睦邻友好、互利合作的战略合作伙伴关系。双方同意保持定期高级别战略对话。

第二条

缔约双方遵循领土和国界不可侵犯的国际法原则，严格遵守两国间有关边界协定，并决心在两国边境地区保持永久和平和世代友好。

第三条

巴方重申，世界上只有一个中国，中华人民共和国政府是代表全中国的唯一合法政府，台湾是中国领土不可分割的一部分。巴方支持中国统一大业，支持中国政府为维护国家主权和领土完整所作的努力，反对台湾当局任何制造"两个中国"或"一中一台"的图谋，反对"台湾独立"。

中方重申尊重巴基斯坦的独立、主权和领土完整，赞赏并支持巴基斯坦与邻国和平解决所有问题，以及为捍卫国家主权、领土完整和独立所作出的一切努力。

第四条

缔约一方不参加任何损害对方主权、安全和领土完整的联盟或集团，不采取任何此类行动，包括不同第三国缔结此类条约。缔约一方不得允许第三国利用其领土损害缔约另一方的国家主权、安全和领土完整。

缔约一方禁止在本国领土上成立损害缔约另一方主权、安全和领土完整的组织或机构。

第五条

缔约双方将根据本国法律，引渡条约、禁毒协定、其他双边协定以及各自承担的其他国际义务，在双边和多边基础上开展合作，打击恐怖主义、分裂主义和极端主义以及有组织犯罪、非法移民和非法贩运毒品和武器的活动。

第六条

缔约双方将扩大和加强军事和安全领域的信任和合作，巩固缔约双方的安全。

第七条

缔约双方将根据各自承担的国际义务以及本国现行法律和法规，采取有效措施，保障缔约一方法人和自然人在缔约另一方境内的合法权益。

第八条

缔约双方将在平等互利的基础上，在经贸、农业、科技、空间技术、交通、财经、能源、和平利用核能、自然资源开发、投资、海关、信息通信技术及其他双方感兴趣的领域开展合作。

缔约双方将在高等教育领域开展密切合作。

缔约双方将根据本国法律和双方共同参加的国际条约的规定，保护知识产权，包括专利、商标、著作权及其他有关权利。

缔约双方将根据本国法律和国际条约的规定，为上述合作创造必要的便利条件。

第九条

缔约双方认为，扩大双方在文化、教育、媒体、体育、旅游、医疗卫生、社会保障方面的交流对增进两国人民的相互了解与友谊具有重要意义。缔约双方将支持两国各界积极开展上述交流。

第十条

缔约双方将在遵守《联合国宪章》的宗旨和原则以及其他公认的国际法准则的基础上加强两国在联合国及其他国际和地区组织的合作。

第十一条

缔约双方将在国际金融机构、经济组织内继续开展合作。

缔约双方将在现有国际组织框架内以及在未来可能成立的组织的框架内

开展多边经济合作。

第十二条

本条约不影响缔约双方作为其他国际和地区条约缔约国在相应条约下的权利和义务，也不针对第三国。

第十三条

在缔约双方同意的情况下，可通过制订议定书形式对本条约进行修改和补充。有关议定书为本条约不可分割的部分，必要时，缔约双方将就实施本条约签订单独协定。

第十四条

本条约需经批准，并自互换批准书之日起生效。

本条约有效期为20年。如缔约任何一方均未在条约期满前一年以书面形式通知缔约另一方要求终止本条约，则本条约将自动延长5年，并依此法顺延。

修改和补充本条约的议定书适用与本条约相同的生效程序。

本条约于2005年4月5日在伊斯兰堡签订。一式两份，每份均用中文、英文写成，两种文本同等作准。

中华人民共和国代表　　巴基斯坦伊斯兰共和国代表

温家宝　　　　　　　　　肖卡特·阿齐兹

（签字）　　　　　　　　　　　（签字）

10.3　协　定

10.3.1　含义与特点

协定是指国家之间为了解决某一特定问题或临时性问题，经过谈判而缔结的双边条约，如1947年签订的《关税及贸易总协定》。协定是涉外契约类文书中使用频率比较高的文种之一。

10.3.2　格式与写法

协定通常由标题、正文、落款三部分组成。

1．标题

协定的标题通常由签订协定的国家名称、事由和文种组成，如"××国和××国关于××××的协定"。

2．正文

协定的正文包括前言、主体、结尾三部分。前言部分写签订协定的依据、目的，常用的写法有"根据……""考虑到……""为了……"等，一般用"签订下述协定"等习惯用语承上启下；主体部分写协定的具体条文，通常分条款行文；结尾部分写协定的生效日期、签订日期、份数、文本等。

3．落款

落款处应注明签订协定的国家代表的姓名与职务，并需要双方代表亲笔签名。

10.3.3　范文模板

中华人民共和国和阿拉伯联合酋长国关于民事和商事司法协助的协定（节选）

中华人民共和国和阿拉伯联合酋长国（以下简称"双方"），愿在相互尊重主权和互利的基础上加强两国友好关系，促进在司法和法律领域富有成效的合作，认识到促进最广泛的民事和商事司法协助的需要，达成协议如下：

第一条

一、一方国民在另一方境内，应当享有与该另一方国民同等的司法保护，有权在与该另一方国民同等的条件下，在该另一方法院进行诉讼。

二、本条前款规定亦适用于位于任何一方境内并依该方法律成立的法人。

第二条

一方国民在另一方境内，有权根据该另一方的法律和程序，在与该另一方国民同等的条件下和范围内获得诉讼费用减免。

第三条

双方可以相互交流与实施本协定有关的本国现行法律和司法实践的资料。

第四条

一、双方应当在本协定的范围内，根据本国法律相互提供最广泛的民事和商事司法协助。

二、本协定所指司法协助的范围包括：

（一）送达传票和其他司法文书；

（二）依请求代为调查取证；

（三）承认和执行法院裁决和调解书。

三、本协定不影响双方在其他条约或安排中的任何权利和义务。

第五条

一、司法协助请求应当通过双方的中央机关提出。

二、在中华人民共和国方面，中央机关为司法部；在阿拉伯联合酋长国方面，中央机关为司法及伊斯兰事务和宗教基金部。

第六条

一、除另有规定外，与司法协助有关的所有官方文件均需由法院或其他主管机关盖章，司法协助请求应当经请求方的中央机关确认。

二、司法协助请求及所附文件均应当附有被请求方官方语言或英文的译文。

三、如果被请求方认为请求方提供的材料不足，以致无法根据本协定的规定处理有关请求，可以要求请求方提供补充材料。

第七条

一、传票和其他司法文书应当按照被请求方法律规定的程序送达。在不违反被请求方法律的前提下，也可以按照请求方希望采用的特殊方式送达。

二、根据本协定送达的传票和其他司法文书，应当被视为已经在请求方境内送达。

三、本协定第五条的规定不影响一方在不采取强制措施的情况下，通过其外交或领事代表向处于另一方境内的本国国民送达传票和其他司法文书的权利。送达目的地国无需为此种方式的送达承担责任。

第八条

送达传票和其他司法文书的请求应当说明受送达人的名称、职业，居住地或营业地等所有资料，以及拟送达的文件清单。如希望采用特殊方式送达，亦应当在请求中说明。

第九条

一、被请求方不得拒绝根据本协定提出的送达传票和其他司法文书的请求，除非其认为执行请求将损害其主权、安全或公共秩序。

二、被请求方不得因请求中未充分说明所涉案件的法律依据而拒绝送达。

三、如果送达请求未被执行，被请求方应当立即将原因通知请求方。

第十条

一、被请求方主管机关根据其相关法律和规定送达有关司法文书，不得向请求方收取费用。

二、按照请求方要求的特殊方式执行送达时，不得违反被请求方法律，而且请求方需支付此种送达的相关费用。

第十一条

一、被请求方主管机关的责任应当仅限于将司法文书和文件送交被送达人。

二、送达应当以受送达人签字和主管机关出具送达回证予以证明，送达回证应当说明受送达人的姓名、送达日期和送达方式，以及在未能送达时，不能送达的原因。

三、经受送达人签字的送达回证应当通过中央机关转交请求方。

············

第二十五条

一、一方法院根据本国法律就当事人之间的有关争议制作的调解书，在其内容不违反另一方的现行法律、宪法原则、主权、安全或公共秩序的前提下，应当在另一方境内予以承认和执行。

二、请求承认和执行调解书的当事人应当提交调解书的正式副本，以及由法院出具的证明调解书的履行状况的文件。

第二十六条

承认和执行法院裁决和调解书的申请，可以由当事人直接向被请求方的主管法院提出。

第二十七条

被承认和执行的裁决在被请求方境内应当与被请求方法院作出的裁决具有相同效力。

第二十八条

因解释或实施本协定所产生的任何分歧，如果双方中央机关不能达成协议，应当通过外交途径协商解决。

第二十九条

一、本协定须经批准，批准书应当互换。协定自双方互换批准书之日后30日生效。

二、一方可以随时通过外交途径书面通知另一方终止本协定。协定自作出通知之日起6个月后终止，但协定终止前已经开始的程序不受影响。

下列签署人经各自政府适当授权，签署本协定，以昭信守。

本协定于2004年4月21日在北京签订，一式两份，每份均用中文、阿拉伯文和英文作成，三种文本同等作准。如遇解释分歧，以英文本为准。

中华人民共和国代表
张福森
（司法部长）

阿拉伯联合酋长国代表
穆罕默德·纳海拉·扎海里
（司法及伊斯兰事务和宗教基金部长）

10.4　谅解备忘录

10.4.1　含义与特点

谅解备忘录是国际协议一种通常的叫法，是指国家之间处理较小事项方面的条约。双方经过协商、谈判达成共识后，用文本的方式记录下来，"谅解"旨在表明签约双方要互相体谅，妥善处理彼此间的分歧和争议。它具有法律效力，对签约双方都有约束力。

10.4.2　格式与写法

谅解备忘录通常由标题、正文、落款三部分组成。

1. 标题

谅解备忘录的写法与协定类似，通常由签订谅解备忘录的国家名称、事由和文种组成，如"××国和××国关于××××的谅解备忘录""××国××部和××国××部××××谅解备忘录"。

2. 正文

谅解备忘录的正文包括前言、主体、结尾三部分。前言部分写双方签订谅解备忘录的依据、目的；主体部分写谅解备忘录的具体内容；结尾部分写谅解备忘录的生效日期、签订日期等。

3. 落款

落款处要写上签约国家的名称及双方代表的姓名与职务，并需要双方代表亲笔签名。

10.4.3　范文模板

中华人民共和国国家旅游局与印度尼西亚共和国旅游艺术部旅游合作谅解备忘录

中华人民共和国国家旅游局与印度尼西亚共和国旅游艺术部（以下简称"双方"），为通过旅游加强两国之间的友好关系，考虑到发展两国政府旅游部门之间旅游关系与合作的必要性，认识到主权、民族独立、平等、互利原则的重要性，根据双方现行法律规定达成一致意见如下：

第一条

双方将在平等互利的基础上积极发展两国在旅游领域的合作。

第二条

双方将鼓励两国政府旅游机构和旅游企业开展交往和业务联系。

第三条

双方将鼓励两国公民和居民到各自国家访问。

第四条

双方将进行合作，吸引第三国游客到双方国家旅游。

第五条

双方将根据各自国家的法律和规定，为两国政府旅游机构和旅游企业从事旅游促销活动相互提供便利。

第六条

双方将不定期地交换旅游信息和旅游统计资料。

第七条

双方认为，必要时举行双边旅游会晤以商讨两国旅游合作事宜和符合本谅解备忘录宗旨的合作程序、计划及建议项目。会晤的时间和地点由双方商定。

第八条

双方将通过友好磋商解决在上述条文解释和执行中出现的分歧。

第九条

本谅解备忘可以修改。各方可以以书面形式要求修改。双方根据各自法律规定商定的任何修改内容可以成为本谅解备忘录的组成部分。此类修改将在双方商定的日期生效。

第十条

本谅解备忘录将于签字之日起生效。中华人民共和国国家旅游局与印度尼西亚共和国旅游邮电部于1994年7月18日签订的旅游合作谅解备忘录于本备忘录生效之日起自动失效。

第十一条

1. 本谅解备忘录有效期五年。如对方未在6个月之前以书面形式通知终止本谅解备忘录，则本谅解备忘录的有效期自动延长两年。

2. 本谅解备忘录终止时，与其有关的尚未完成的计划、项目及程序有关的条款仍然有效。

本谅解备忘录于2000年7月10日在雅加达签字，用中文、印度尼西亚文、英文写成，一式两份，三种文本具有同等效力。如果解释上出现分歧，将以英文文本为准。

中华人民共和国国家旅游局代表　　印度尼西亚共和国旅游艺术部代表

　　　　　何光暐　　　　　　　　　　达吉拉尼希达加特

10.5 换 文

10.5.1 含义与特点

换文，是指双方当事国互换内容相同或相似的照会，就特定事项达成一致的协议，是一种常见的涉外文书。换文以其独特而简便的形式，经常被用于就某一特别事项达成协议，比如，互设大使馆、领事馆，以及互免签证等，有时也用于补充、修正、说明、规定正式条约中的某个问题。

10.5.2 格式与写法

换文一般由标题、称谓、正文、落款四部分组成。

1. 标题

标题通常由双方当事国名称、事由、文种三部分组成，如"××国和××国关于××××的换文"。

2. 称谓

受文者的称谓要顶格写，并且后面加上冒号。

3. 正文

正文包括开头、主体、结尾三部分：开头部分写表示问候或致意的语句；主体部分写换文的具体内容；结尾部分大多写致敬语，如"顺此向阁下表示敬意""顺致崇高的敬意"等。

4. 落款

落款处应注明发文者名称和发文日期，并加盖印章。

10.5.3 范文模板

中日两国政府关于在中日航线上的地点设立代表机构的换文

（一）我方去文

日本驻中华人民共和国大使馆：

中华人民共和国外交部向日本驻中华人民共和国大使馆致意，并谨通知如下：

根据1974年4月20日签订的中华人民共和国和日本国航空运输协定（以下简称"协定"）第十五条第一款规定，经双方主管当局协商，一致确认：

根据协定，为经营协议航班，缔约一方的空运企业在缔约的另一方的领土内规定航线上的地点设立代表机构，代表机构的人员，除当地雇佣者外，自增加第七班之日起，双方人数各自不超过24人。

顺致崇高的敬意。

中华人民共和国外交部（印）

1979年8月29日于北京

（二）对方来文

中华人民共和国外交部：

日本驻中国大使馆向中华人民共和国外交部致意，并荣幸地通知：

根据1974年4月20日签订的日本国和中华人民共和国航空运输协定（以下称"协定"）第15条第1款规定，本日经双方主管当局协商，一致确认如下：

根据协定，为经营协议航班，缔约一方的空运企业在缔约另一方的领土内规定航线上的地点设立代表机构，代表机构的人员，除当地雇佣者外，自两缔约国各自指定的航空企业增加第七班之日起，双方人数各自不超过24名。

日本驻中华人民共和国大使馆（印）

1979年8月29日

10.6　议定书

10.6.1　含义与特点

议定书属于条约的一种，通常是指国际间就某些重要问题所达成的书面协议，主要用于解释、补充、说明或改变主要条约规定，常用"附加议定书""最后议定书"等名称。有时也可以作为独立的条约，如国际会议对某项问题商讨确定后签字的条约，亦称议定书。

10.6.2　格式与写法

议定书通常由标题、正文、落款三部分组成。

1. 标题

议定书的标题长短不一，通常由签订议定书的各方名称、事由、文种组成，如"中华人民共和国外交部和印度共和国外交部合作议定书"；也可由议定书的内容和文种组成，如"蒙特利尔破坏臭氧层物质管制议定书"等。

2. 正文

议定书的正文通常包括前言、主体和结尾三部分。前言部分通常交代议定书的签订依据及目的；主体部分交代议定书的具体内容，经常需要逐条列出；结尾部分交代议定书的生效日期、签署的份数及文本数目等。

3. 落款

落款处要注明签订议定书的各方代表的姓名、职务。

10.6.3　范文模板

中华人民共和国外交部和印度共和国外交部合作议定书

中华人民共和国外交部和印度共和国外交部（以下简称"双方"），忆及双方承诺遵守2003年6月《中华人民共和国和印度共和国关系原则和全面合作的宣言》中制定的发展双边关系的基本原则，进一步忆及2005年4月温家宝总理访问印度期间，两国将不断发展的双边关系定位为"面向和平与繁荣的战略合作伙伴关系"，渴望在和平共处五项原则、相互照顾彼此关切和愿望以及平等的基础上，发展长期睦邻友好和互惠的关系，满意地注意到，两国关系逐渐具有全球性和战略性的特征，坚信促进双方在不同层面就双边关系和共同感兴趣的地区及国际问题进行对话与交流，有助于进一步加强两国相互理解和信任，认识到有必要进一步巩固和加强双方的对话与磋商机制，并使其制度化，坚信不断发展的双边关系需得到进一步充实，达成协议如下：

第一条

双方将建立两国外交部长级定期会晤制度，并设立两国外长热线，就双边关系和共同关心的国际和地区问题交换意见。该热线将在本议定书生效后6个月内开通。

第二条

一、各对话机制的级别和内容如下：

（一）副部/外秘级战略对话，旨在就重大国际和地区问题及对双边关系具有长期重要意义的问题交换意见，提升两国战略合作伙伴关系；

（二）司局/联秘级外交官员磋商，旨在就双边关系及共同感兴趣的地区、多边和全球问题交换意见；

（三）司局/联秘级反恐对话，由双方外交部牵头，参加成员包括来自双方参与反恐的公安/内政部、武装警察部队及其他执法机关的代表；

（四）司局/联秘级安全对话，将涵盖有关地区和国际安全问题，包括裁军和防扩散问题；

（五）司局/联秘级外交政策磋商，旨在加深双方对国际及地区形势看法的相互理解，并就由此产生的政策选择交换意见。

二、正常情况下，这些对话每年举行一次，轮流由两国主办。双方可在一致同意的情况下增加对话次数，以就紧急事件交换看法。

三、举行这些对话涉及的时间、议程、地点及其他事项将通过外交渠道决定。

第三条

一、双方将进一步发挥副部/外秘级边界问题联合工作组机制的作用。联合工作组将定期会晤，以执行两国政府赋予的任务。

二、中印外交和军事专家小组将按联合工作组的指导召开会议。

第四条

为保证如期举行上述第二、三条所列的双边对话，应有如下后勤及经费安排：

（一）接待方将出资对举行对话的地点作出必要安排，并对到访代表团提供适当的礼仪款待；

（二）接待方将向到访代表团提供恰当的邀请函，并为对方提供免费签证的便利；

（三）双方派出代表团参加对话，费用自理。但如对方提出要求，主办方应协助对方有关外交使团，为参加对话的代表团安排当地交通及住宿。

第五条

一、双方鼓励各自外交机构的代表通力合作，包括其外交使团与领事机构在第三国的合作，以促进双方就共同感兴趣的问题进行合作与磋商。

二、为促进双方外交官员间的相互了解，双方应按照对等和平衡的原则，在适当层面开展外交官代表团交流活动。中国外交部亚洲司和印度外交部东亚司负责组织此类交流。国际旅费由代表团自行承担，访问期间费用由接待方承担。

第六条

双方将继续合作，举行磋商，以在国际和地区组织及论坛的框架内，就双方共同感兴趣的国际及地区问题协调立场。双方将在地区和国际组织及论坛职位的选举方面积极考虑对方的要求。

第七条

双方将为定期召开的名人论坛会议提供服务。该会议将根据双方主席达成的工作计划，轮流在两国首都举行。参会费用自理，但接待方可基于对等和平衡的原则，招待到访代表团进行一次首都以外的参观活动。

第八条

双方鼓励中国人民外交学会和印度世界事务委员会切实执行2005年4月11日在新德里签订的《中国人民外交学会与印度世界事务委员会交流合作谅解备忘录》。

第九条

本议定书可在双方一致同意的基础上通过换文进行修改。

第十条

本议定书自签字之日起30日后生效，有效期5年。双方于1997年8月5日签订的《中华人民共和国外交部和印度共和国外交部关于合作的议定书》自本议定书生效之日起终止。

在本议定书有效期满6个月前，如果任何一方未以书面形式通知另一方要求终止本议定书，则本议定书的有效期将自动延长5年，并依此法顺延。

除非双方另行决定，否则协议期满不得影响正在实施的项目。

本议定书于2006年11月21日在新德里签订，一式两份，每份均用中文、

印地文和英文写成，三种文本同等作准。如对文本的解释发生分歧，以英文
文本为准。

中华人民共和国　　　　　　　印度共和国
　外交部代表　　　　　　　　外交部代表

第11章
涉外礼仪类文书

涉外礼仪类文书是涉外文书的一大类别，是涉外文书不可缺少的重要组成部分，也是涉外政策的重要体现，起到加强联系、传递信息、沟通情况、表达情感的作用。

涉外礼仪类文书有两种常见形式：一种是信函，一种是电报，合起来简称"涉外函电"。简单来说，涉外函电是涉外政治、商贸、文教中用来传达思想、联系业务、协商问题、交流感情和沟通信息的应用文书。其中信函可分为公函和便函两种，从效能上也可将其分为正式信函和普通信函。

涉外礼仪类文书有相对固定的行文方式，文字简洁凝练，语气中肯，常开门见山地表达来函来电的目的。所用称谓应遵照国际惯例，阁下、先生、女士、小姐、夫人是这类文书行文中常用的称谓；若对方有爵位、职位、官衔，也可以用爵位、职位、官衔称谓。

从名称中就可以看出，涉外礼仪类文书重在礼仪，所以行文中言辞要恳切热诚，注重礼节，对对方的问候和致意必不可少。

涉外礼仪类文书包括祝贺函电、感谢函电、慰问函电、吊唁函电等，下面进行逐一介绍。

11.1　祝贺函电

11.1.1　含义与特点

顾名思义，祝贺函电是表示祝贺的一种信函和电报，简称"贺信""贺电"。在外事活动中，如果熟悉的外国友人恰逢喜事或者面临重大节日，那么送上一份真挚的祝福必然有助于增进双方的友好关系，祝贺函电就是担负这个重大使命的文书。

祝贺函电有私人函电和正式函电之分。私人函电相对随意一些，用词亲切，常带有个人感情色彩；正式函电的措辞要严谨许多，行文格式化，常常使用一些套话。

需要注意的是，祝贺函电要及时制作、及时发出，最佳的送达时间为喜事或节日到来前一周内，要避免事后送达。祝贺函电的中心内容以表达为对方恰逢喜事或面临节日而感到心情愉快为主。由于表达的是祝贺之意，所以喜庆色彩要浓郁，用词要真挚，口吻要亲切。

11.1.2　格式与写法

祝贺函电通常由标题、称谓、正文、落款四部分组成。

1．标题

祝贺函电的标题通常为文种名，即"贺信""贺电"，独占一行，居中。根据表达需要，有的祝贺函电不设标题，直接由称谓开始。

2．称谓

称谓即对被祝贺的人的称呼，要顶格书写，并在后面加上冒号。

3．正文

正文是祝贺函电的主体部分，要写明祝贺的原因并表达热烈的祝贺。在正文的结尾部分，要写上祝福的话。

4．落款

落款处要注明发文单位的名称或发文者的姓名，并注明发文日期。

11.1.3　范文模板

范文模板一：私人函电

贺　　电

亲爱的×××：

你的生日马上就到了，想想你和家人、朋友欢聚一堂的情景，我真替你高兴。由于地域关系无法前往，望见谅。待日后见面，再热烈拥抱。致函祝生日快乐，健康长寿！

你亲爱的朋友　×××

××××年××月××日

范文模板二：正式函电

贺　　电

××××大使×××阁下：

值此××××之际，我谨代表××××大使馆全体人员向×××阁下致以衷心的祝贺和最良好的祝愿。

××××大使馆

××××年××月××日

11.2　感谢函电

11.2.1　含义与特点

顾名思义，感谢函电就是出于感激、感恩心理而向对方表示谢意的函电。同祝贺函电一样，合适的感谢函电有利于增进双方的友谊。

感谢函电分为两种，一种是代表国家、政府、机关单位的公对公函电，另一种是代表个人的私对私函电。二者的相同之处在于都是为了表示谢意而致函致电，不同的地方是前者更庄重，措辞更讲究，格式更规范，仪式感更强。

同祝贺函电一样，感谢函电通常篇幅短小，语言简洁凝练，用词恳切热诚。另外，感谢函电的制作和发出要及时，不宜拖延。

11.2.2　格式与写法

感谢函电一般由称谓、正文、落款三部分组成。

1．称谓

感谢函电通常不设置标题，直接由称谓开始。称谓，即对感谢对象的称呼，要顶格书写，并在后面加上冒号。以机关单位、企事业团体名义写的函电，可以直接以单位名称"××国××××公司"开头；以个人名义写给个人的函电，常以"尊敬的×××先生""尊敬的×××女士"开头。

2．正文

正文是函电的主体部分，要写明感谢的缘由并表达衷心的谢意，言辞要恳切热诚。在正文的结尾部分，要写上感谢、致敬的话，如"深表谢意""再次表示衷心的感谢""向您致以最真诚的谢意"等。

3．落款

如果是以机关单位、企事业团体名义写的函电，则要在落款处写上发文单位的名称和代表的姓名，加盖公章并注明发文日期；如果是以个人名义写的函电，则要在落款处写上发文者的姓名，并注明发文日期。

11.2.3　范文模板

范文模板一：公对公函电

××国××××红十字会：

在我国遭遇史无前例的自然灾害时，感谢你们及时伸出援助之手。你们的支援让我们感受到了人间的温暖和真爱，增强了我们战胜困难的决心。你们的行为完美诠释了"天下一家"的真谛。你们此次支援的帐篷和药品正是我们紧缺和急需的，解了我们的燃眉之急，对此我们表示万分感谢。最后请接受我们深深的谢意！

××国××××红十字会（盖章）

×××（签字）

××××年××月××日

范文模板二：私对私函电

尊敬的×××先生：

对您和您家人昨日的来访，我感到非常开心，感谢您和您的家人一直以来把我们一家当作最好的朋友，亦如我们一家对您和您的家人一样。您的来访让我们十分感动，感谢您带给我们的礼物。我相信，我们的友情一定会越来越深厚。最后再次对您和您家人的来访表示衷心的感谢！

您最真诚的朋友　×××

××××年××月××日

11.3　慰问函电

11.3.1　含义与特点

慰问函电是政府、机关单位、企事业团体及个人就对方遭遇的灾难和不幸发出的表示安慰、问候和同情的函电。比如，我国汶川地震发生后，国际友好组织和个人纷纷发来慰问函电向灾区人民表示关心和慰问。

慰问函电分为政府函电和民间函电。政府函电通常是以国家领导人的名义对遭遇灾难和不幸的国家及地区发出的慰问性函电，核心内容是对其表示问候并鼓励其振作精神，勇敢面对困难；民间函电通常用于个人之间，使用范围要比政府函电宽泛得多，在友人生病、遭遇不幸、感情受挫的情况下，均可发函发电致以问候，表达关切之意。

慰问函电表达的是关心、安慰、同情、鼓励，所以言辞要真诚恳切，字里行间要流露出感同身受的同情和关心，不要给人敷衍应付的感觉。

11.3.2　格式与写法

慰问函电往往开门见山，直抒胸臆，感情强烈，通常不设置标题，由称谓、正文、落款三部分组成。

1. 称谓

称谓顶格写，后加上冒号。政府函电常以"××国×××先生"等开始；民间函电通常在称谓前加上修饰词，如"亲爱的""尊敬的"等。

2. 正文

称谓后另起一行写正文，正文要情真意切，充分表达关心、安慰之意。正文的结尾部分通常表达良好的祝愿和美好的期望。

3. 落款

如果是政府函电，则要在落款处写上发文单位的名称和代表的姓名、职务，并注明发文日期；如果是民间函电，则要在落款处写上发文者的姓名，并注明发文日期。

11.3.3　范文模板

范文模板一：政府函电

××市市长×××先生：

近日获悉，××××给××国人民，尤其是××省带来了巨大的影响并造成了民众死亡，我倍感伤感。

在此，我向您本人和××市市民献上我最真诚的慰问和关心。

我们在××××向××国人民对抗××××的勇气与精神致敬！××××和××国人民有着长期、不可分割的紧密联系，我们愿和××国人民一道面对××××的困难。我们非常钦佩××国政府针对××××而采取的应对措施。

我们衷心希望××市人民采取有效措施对××××进行防控，在这场艰难的战斗中取得最终胜利。

××国××州州长　×××

××××年××月××日

范文模板二：民间函电

亲爱的×××：

　　获悉你近日身体不适，我倍感担心，我猜一定是你不知道照顾自己所致的，找医生看过了没有？医生怎么说？我不在的日子，一定要照顾好自己，健康是我们最大的财富。希望你收到我这封信的时候，身体已经无恙。我给你寄了一本养生的书，希望对你有所帮助。

爱你的×××

××××年××月××日

11.4　吊唁函电

11.4.1　含义与特点

　　吊唁函电指的是祭奠死者或对失去亲人的家庭、团体给予慰问的函电，适用于发文者一时无法或不便亲自前往治丧或吊唁的情况。吊唁函电的内容不仅要体现出对死者的哀悼之情，还要表示出对死者亲属的问候和安慰之意。

　　吊唁函电有官方吊唁函电和民间吊唁函电之分。官方吊唁函电通常代表的是国家、政府机构、企事业团体；民间吊唁函电常用于普通百姓之间，发文者同逝者往往是志同道合的朋友，有过密切交往。

　　无论是哪一种吊唁函电，都要充分体现出伤感、沉痛、难过之情，同时要表示出适当的安抚和鼓励之意。

11.4.2　格式与写法

　　吊唁函电通常篇幅短小，在撰写吊唁函电时，可以设置标题，也可以不设置。有标题的吊唁函电一般由标题、称谓、正文、落款四部分组成。

1. 标题

标题居中，写"唁电"二字。

2. 称谓

称谓写受文单位名称或受文者姓名，独占一行，顶格写，后加上冒号。

3. 正文

称谓后另起一行写正文。根据具体情况，正文既可追述死者生前的业绩和功勋，也可缅怀其一生经历，如果死者为重要人物或知名人士，则还要对其所在的国家和亲属表示慰问。用词要深沉、质朴、自然，字里行间要充分流露出沉痛、哀悼之意。结尾部分通常单行写"特电慰问""肃此电达"，表达对死者离去的悲痛之情和对死者家属的同情、安抚之意。

4. 落款

如果是官方吊唁函电，则要在落款处写上发文单位的名称和代表的姓名、职务，并注明发文日期；如果是民间吊唁函电，则要在落款处写上发文者的姓名，并注明发文日期。

11.4.3　范文模板

范文模板一：官方吊唁函电

唁　　电

×××阁下：

惊闻×××先生因病离世，不胜伤悼，我谨代表我本人和使馆全体人员对×××先生的离世表示深沉的哀悼并向×××先生的家人致以诚挚的慰问。

作为资深的东西方文化交流专家、学者，×××先生为东西方文化的交流和发展作出了卓越而独特的贡献。斯人之逝，让人倍感悲痛和惋惜。

逝者已逝，生者坚强。望×××先生安息，家人朋友节哀顺变！远隔重洋，不便前往，特电慰问！

××××使馆领事

×××

××××年××月××日

范文模板二：民间吊唁函电

唁　　电

亲爱的×××：

　　获悉你痛失终身伴侣的噩耗，万分难过。你们相濡以沫走过这些年，携手克服无数困难，留下无数美好的回忆。你曾对我说，×××是你生命的全部，如今×××离你而去，你遭受的伤痛实在太沉重了，是我无法用言语所能化解的。尽管如此，我仍想为你分担伤痛，我想×××肯定也不希望你过于悲伤，因为她和我一样都希望你的人生过得精彩。

　　我会在下个月去看望你，希望那时你能走出伤痛，还像以前一样笑对人生。

你的挚友　×××
×××年××月××日

外事工作类文书是外交代表机构和有关部门及涉外工作者在处理涉外事务中使用的一类文书。随着我国对外活动的日益增多，外事工作类文书的应用变得越来越频繁，应用领域越来越多，所发挥的作用也越来越明显。

虽然外事工作类文书的用语和行文比外交类文书要灵活、随意一些，但也不可以随心所欲、随意发挥，仍要遵循一定的规则，其质量的优劣不但关系着涉外事务能否顺利完成，而且还涉及国家、机关和个人的形象，因此要慎重对待。

12.1 出访请示

12.1.1 含义与特点

出访请示是外事工作类文书中的一种，是国家企事业单位或中外合作企业、合资企业的中方工作人员因对外工作交往需要而向上级机关申请出境的文书。从性质来看，出访请示属于下级机关向上级机关请示的文件。

12.1.2 格式与写法

出访请示通常由标题、正文、落款三部分组成。

1. 标题

标题的格式一般为"关于××××的请示"，居中，独占一行。

2. 正文

正文的开头一般为审批部门的称谓，顶格写，后加上冒号。之后另起一行，写出请示的内容，通常包括出访的目的和任务、前往的国家和地区、途经的国家和地区、出访时间、在境外停留的时间、出访人员名单（包括出访人员的姓名、工作单位、职务）、出访经费的来源等，此外，有的还需要写上国外邀请单位的名称。

3. 落款

落款处应写明请示单位和发文日期。

出访请示属于一种请示文件，因此要想顺利得到相关部门的审核通过，必须将出访的事项写清楚，理由必须充分，要体现出访的必要性、重要性和紧迫性，同时语气要谦恭。

12.1.3　范文模板

关于×××等赴××××参加××××大会的请示

××××委员会：

应××××学会×××主席邀请，我所×××等人拟于××××年××月××日至××月××日赴××××参加××××大会，途经××××，拟在境外停留××天。

××××大会每年举办一次，为世界级国际会议。我所×××等从事××××领域的研究，此次应邀参会将做重要讲话。

我所研究决定同意此次出访，出访费用将按照××部的标准由我单位支付。出访人员在外期间如发生任何意外，责任和费用将由×××承担。

妥否，请批示。

附件1：出访人员名单

附件2：××××大会邀请函复印件

附件3：会议日程安排表

××××研究所
××××年××月××日

12.2　涉外接待计划

12.2.1　含义与特点

涉外接待计划是为涉外公务活动中针对外国来访者所进行的迎送、宴请、住宿安排、参观游览等工作制定的计划类文书。根据来访者的级别及活动的重要程度，接待的规格也有所差别。通常，来访者的级别越高、活动越重要，接待的规格就越高。接待计划通常包括迎送、宴请、住宿安排、参观游览、安全保卫、媒体报道、乘车安排、赠送礼品、送别等。

通常，接待计划的制定依据有两种：一种是本部门、本单位邀请的外宾，这种情况主要根据邀请的目的和外宾的国籍、身份、地位、要求等，再结合我方的实际情况综合制定；另一种是上级有关部门指派或委托接待的外宾，这种情况应根据上级有关部门的安排、部署和要求，结合地方的实际情况综合制定。

涉外接待计划在接待外宾工作的全过程中起着规划、指导、沟通、协调的重要作用，因此，在接待计划获批后，参与相关接待工作的单位或个人应认真、细致地阅读接待计划并积极落实。

12.2.2　格式与写法

涉外接待计划一般由标题、正文、落款三部分组成。

1. 标题

标题一般为"关于接待××××的计划"，居中，独占一行。

2. 正文

正文主要写清接待计划的具体内容，开篇通常先交代来访外宾的国籍、名称、人数、来访原因、来访时间、来访目的以及我方的接待方针，然后再逐条陈述接待计划的具体内容。若有特殊要求和安排，应着重强调指出。

3. 落款

落款处应写明单位名称和发文日期。由于接待计划需要多个部门或个人配合，因此有时还应抄送给有关单位或个人。

　　涉外接待计划的语言要求简洁、精准，各项要求清晰明了，让人一目了然。

12.2.3　范文模板

关于接待×××× 的计划

　　接上级部门通知，应我国××部邀请，×××总统高级顾问一行××人将于××××年××月××日访问我国，于××日下午××点乘坐专机抵达我市，进行为期××天的友好访问，××日上午××点离开我市赴××××。根据上级部门的指示精神，拟安排如下：

　　1. 迎送和宴请接待

　　×××总统高级顾问一行抵达时，我市市委书记、市长及市委秘书长一行到机场迎接并陪同到达××××宾馆外宾接待处。

　　当晚，以市政府名义宴请×××总统高级顾问一行。我方参加宴会人员有：市委书记×××、市长×××、市委秘书长×××以及市政府办公室指定人员（见附件名单）。

　　2. 参观游览

　　××日上午安排×××总统高级顾问一行前往我市××××研究所参观；下午参观我市××××博物馆。市委书记×××一行陪同。

　　3. 乘车安排

　　拟安排××辆轿车，×××总统高级顾问乘坐市政府外宾专用车，其他外宾及陪同人员分乘其他××辆轿车。

　　4. 安全保卫

　　由市公安特勤人员负责。

　　5. 媒体报道

　　邀请市电视台、市人民日报、新华社驻我市分社及网络之声在线对此次参观游览进行报道。

　　6. 赠送礼品

　　拟赠送×××总统高级顾问××××一对；赠送其他外宾我市特产。

　　7. 文艺表演

参观结束后，回××××宾馆外宾接待处就餐。就餐结束后，在××××宾馆××号会议厅举行××××表演，参演单位为我市文工团。

8. 送别

××日××时，市委书记一行抵达××××宾馆，陪同×××总统高级顾问一行至我市××××机场。待×××总统高级顾问一行登机后返回。

附件1：代表团人员名单

附件2：我方参加宴会人员名单

附件3：宴会菜单

××××

××××年××月××日

12.3　外事通讯

12.3.1　含义与特点

外事通讯，又叫外事通讯报道。它是一种以叙述、描写为主要表达方式，迅速、具体、生动地反映外事生活的涉外新闻性文书。在新闻报道中经常会看到这种文书。

12.3.2　格式与写法

外事通讯一般由标题、正文、落款三部分组成。

1. 标题

外事通讯的标题主要有两种写法：一种是单行标题法，即标题只占一行；另一种是多行标题法，即标题由主副标题组成，如主标题是"探寻××国文化"，副标题是"××××艺术团访问××国"。主标题反映该篇通讯的中心或主旨，副标题则对主标题加以限定或说明。外事通讯一般没有引题。

2．正文

正文包括导语、主体、结语三部分。导语部分用来简要地说明人物、事件的大致情况；有的外事通讯没有导语。主体部分直接开始叙述，在叙述时将概要与具体内容结合起来，主次分层，详略得当。结语部分可以是一段小小的总结。

3．落款

若标题下方已有作者的姓名，则此处可省略。

12.3.3　范文模板

××省在××国的第一家合资企业将在××××设立

×××

本刊讯 ××国××省的××××公司同××国××州的××××公司，根据平等互利的原则，经友好协商达成协议，决定在××××共同投资，设立合资企业××××有限公司。这将是我省在××国兴建的第一家合资企业。

这项协议是××月××日在××××签署的。根据这项协议，合资企业将主要生产××××，年产量为××××吨，同时还将视市场情况，生产其他适销对路的××××。产品将在××国、××国销售。

该项目总投资为××××美元，注册资本为××××美元。合资各方将按注册资本比例分配利润并承担风险和亏损。

根据商定的意见，生产××××的主要原料××××和××××将在××国解决。××国盛产××××和××××，质量好，价格低，原料供应渠道方便。该项目一年内便可收回投资成本……

12.4　外事报告

12.4.1　含义与特点

外事报告属于请示报告类文体的一种，是下级机关或个人向上级领导机关或外事主管机构汇报工作、反映情况、提出建议以及回答询问时使用的一种应用文体。有的外事报告没有请示的作用，只是外事活动的客观介绍。

通过外事报告，上级机关或外事主管机构能够及时了解相关部门或个人的外事工作状态，便于掌控和及时指导工作，更好地开展外事活动，因此要重视外事报告的撰写。

外事报告要遵循实事求是的原则，不夸张、不虚构、不隐瞒，如实汇报。

12.4.2　格式与写法

外事报告一般由标题、正文、落款三部分组成。

1. 标题

标题一般为"关于××××的报告"，有的时候需要在"关于"的前面加上报告人，如"×××关于××××的报告"，居中，独占一行。

2. 正文

正文通常由开头、主体和结语三部分组成。开头部分写报告的事由或者依据。主体部分写报告的具体事项，如果报告的事项多，可以逐条写。要做到观点明确、材料充分、层次清晰。结语部分通常以"特此报告"之类的字眼结束，有的正文没有结束语，可根据表达需要自行决定。

3. 落款

落款处应写明报告的单位名称或个人以及报告形成的日期，单位要加盖公章。

12.4.3 范文模板

关于我市外事工作情况的报告

主任、各位副主任、秘书长、各位委员：

受市政府委托，现将我市外事工作情况报告如下，请予审议。

近年来，我市外事工作坚持以××××为指引，认真学习贯彻××××，在市委的正确领导下，在市人大及其常委会的监督指导下，围绕中心、服务大局、拼搏奋进，为国家总体外交和全市改革发展、对外开放作出了积极贡献。

一、突出重大战略引领，服务国家外交大局谱写新篇章

…………

二、突出中心工作导向，对外务实交流与合作取得新成绩

…………

三、突出外事为民宗旨，城市国际化程度和市民国际化意识不断增强

…………

四、存在的主要问题及下一步的工作打算

…………

主任、各位副主任、秘书长、各位委员，市人大常委会专门听取审议我市外事工作情况报告，充分体现了对外事工作的关心和重视。我们将认真落实审议意见，坚决履行好党和人民赋予的职责和使命，开拓进取、埋头苦干、扎实工作，努力为把我市建设得更加富有活力、更加时尚美丽、更加独具魅力贡献外事力量！

市人民政府外事办公室主任　×××

××××年××月××日

12.5　外事函件

12.5.1　含义与特点

外事函件是指下级涉外机关、单位向上级主管部门或机关就外事工作事项请求指示、批准和审核的一种应用文体。它通常起到指导、记载和凭证的作用。

12.5.2　格式与写法

外事函件通常由标题、正文、落款三部分组成。

1. 标题

标题一般以所请示的事项为题，格式为"关于××××的函"，如"关于××××赴日调研的函"，居中，独占一行。

2. 正文

正文顶格写请示的上级主管部门，后加上冒号。另起一行写明请示的内容，要求语言质朴、言简意赅、清晰明了。

3. 落款

落款处应写明请示的单位名称和请示的日期，单位要加盖公章。

12.5.3　范文模板

关于拟派××××院校赴××国高校访问的函

××省教育厅：

　　××××年，××××院校和××国××××大学、××××大学、××××大学、××××大学正式建立了友好校际交流关系，××××、××××年，上述××国××所大学均派代表团来××××院校进行友好访问，并就共同感兴趣的教学项目进行深入探讨。此外，××××院校还先后从上述四所大学聘请外教××名，客观上进一步促进了与上述四所院校的交流与合作。

鉴于以上考虑，经研究，拟同意××××院校组成以校长×××为团长的××人代表团赴上述四所大学进行友好访问。访问时间为××××年××月××日至××月××日。访问费用由××××院校自理，入境费用由上述××国四所大学负担。具体路线见附件。

以上请示妥否，请批示。

附件：入境路线表

××市教育局（盖章）

××××年××月××日

12.6　外事总结

12.6.1　含义与特点

外事总结是一种重要的涉外文书，是外事部门就自己所从事的外事工作进行认真回顾和全面检查，并在此基础上进行系统性分析，总结经验教训，为日后更好地开展工作而写的书面文字材料。

外事总结要如实反映问题，事情要论述得充分，经验教训要写得深刻，总结的规律性内容要有代表性，使用的数字和事例要有说服力，避免使用笼统、含混的词语。

12.6.2　格式与写法

外事总结一般由标题、正文和落款三部分组成。

1. 标题

标题主要为事项的总结，格式一般为"××××总结"，居中，独占一行。

2．正文

正文主要写总结的事项，如经验教训、工作得失等。语言要求简洁准确，说清楚、说到位。有的正文结尾处有结语，结语通常写未来的计划和今后的打算，有的以"特此总结"收尾。

3．落款

落款处要写明发文者名称和发文日期，单位要加盖公章。

12.6.3　范文模板

与国外高校合作与交流工作总结

在上级领导部门的悉心指导下，在学院领导的认真准备和统筹下，我院国际合作与交流工作从零开始，时至今日，已经取得了很大的发展。目前已经与美国、英国、加拿大、爱尔兰、澳大利亚、韩国等十几个国家的20多所国外高校建立了友好校际关系，与国外合作办学项目从无到有，初见成效，教学科研交流日渐频繁，合作的项目逐渐增多，交往呈现良好态势，现就合作与交流工作进行总结，便于日后更好地开展工作。

1．加强自身队伍建设，提高管理能力水平

…………

2．与国外高校保持良好接触，积极开展交流合作项目

…………

3．合作办学取得实质性进展，交流工作迎来高峰

…………

4．提高外教管理水平，加强教师培训力度

…………

5．加强外事信息建设，提供网上咨询服务

…………

××××（盖章）

××××年××月××日

12.7　外事动态

12.7.1　含义与特点

外事动态通常是下级涉外机关、单位向上级机关或有关涉外部门、单位反映最新外事情况、传递外事信息的一种文体。从概念可以看出，外事动态属于一种报告类应用文体，它要求及时发现、及时报告，要不然就失去了报告的意义。

外事动态的语言要言简意赅、简明扼要，不能拖泥带水，而且篇幅不宜太大。

12.7.2　格式与写法

外事动态通常由标题、开头、正文、落款四部分组成。

1. 标题

标题要高度概括，点明主旨，居中，独占一行。

2. 开头

开头顶格书写要报告的单位名称，后面加上冒号。另起一行写报告事项。

3. 正文

正文主要写具体的报告事项，要求表述清楚，所涉及的人、事一目了然，语言简洁明了。

4. 落款

落款处要写明发文者名称和发文日期，单位要加盖公章。

12.7.3　范文模板

××国一些医学研究机构借会议之名行非法营利之实

××省外事办：

今年，我市大部分医疗机构纷纷收到××国一些医学研究机构的邀请函，内容是邀请医院骨干和专家赴该国参加国际医学研讨会和医学产品展销会。它们先以国际医学研讨会的名义索取医学论文，然后通知作者论文已经通过专家组审核，接着要求论文作者邮寄发表费用以作在国际医学研讨会上演讲之用，并声明收到钱后会发出申办出国签证的正式邀请函，如果签证没有通过，则会退回所邮寄的发表费用。但是，一些参与邀请的医生签证被该国总领馆拒签后，一直没有收到退款。

需要注意的是，这些医学研究机构的宣传手册上常附有该国政府要员的贺信和签名照片，看上去有一定的可信度。我院通过一些渠道了解到该国这些研究机构确实存在，但多是一些小型的组织机构，人数很少。虽然它们确实组织过国际性的小型学术会议，但会议效果不好，且收费很高，有吸引旅游消费之嫌。现我院对这类申请已经严格控制，原则上不必参加。兄弟市县亦有此类现象，已经和相关部门沟通过，提请注意。

××××（盖章）

××××年××月××日

12.8　外事工作会议纪要

12.8.1　含义与特点

外事工作会议纪要，是指以反映外事工作为内容的会议纪要。外事工作会议纪要的主要内容为会议召开的时间、议题、参会人员以及会议达成的共识等。做外事工作会议纪要，是为了传达、贯彻会议精神。

12.8.2　格式与写法

外事工作会议纪要通常由标题、正文和落款三部分组成。

1. 标题

标题有两种写法：第一种由发文机关、事由与文种构成，如"××

部门××××会议纪要"；第二种由事由与文种构成，如"××××会议纪要"。

2．正文

正文通常由前言、主体和结语三部分组成。前言部分主要写会议召开的基本情况，如会议名称、时间、地点、议题、人数等。主体部分主要写会议中所反映的情况、所研究的问题，或对一些问题的认识及解决问题的主要措施等。结语部分的形式有多种，有的会议纪要无结语。

3．落款

落款处要写明外事工作会议纪要的写作者，以及纪要形成的日期。

12.8.3　范文模板

全国××××外事工作会议纪要

全国××××外事工作会议于××××年××月××日至××日在××××召开。会议的主要任务是，高举××××伟大旗帜，以××××为指导，进一步学习、贯彻……参加会议的有……

××部×××部长主持了会议开幕式并做了重要讲话。会议听取了××部副部长×××所做的《××××》主题报告、××部副部长×××所做的关于××××的报告；听取了……会议围绕……进行了认真的讨论。

会议认为，从××××年至××××年的××多年间我国××××外事工作取得了以下显著的成绩：

…………

会议在充分肯定××××外事工作所取得的显著成绩的同时，指出当前的××××外事工作与国家的要求相比还有不小的差距，我们对××××外事工作政策的研究和制定有时还落后于形势的发展，对出现的新情况和新问题研究得还不够及时，推动工作的措施有时还不够得力，这些问题必须在今后的工作中认真加以改进。

…………

与会同志认为，这次会议开得很及时、很重要。总结这次会议有以下几个特点：

第一，……

第二，……

第三，……

会议要求认真贯彻这次会议精神，各地、各高校要结合实际，抓紧落实这次会议提出的各项任务，创造性地开展工作，努力使××××外事工作迈上一个新台阶。

×××

××××年××月××日